Georg Innerhofer

Marmelade, Konfitüre, Gelee

stv

Georg Innerhofer

Marmelade, Konfitüre, Gelee

Fruchtige Köstlichkeiten selbstgemacht

Mit Chutneys

Leopold Stocker Verlag
Graz – Stuttgart

Umschlaggestaltung, Layout und Repro: Werbeagentur Rypka GmbH, 8143 Dobl/Graz, www.rypka.at

Foto: Umschlag-Vorderseite: © Wunderkastl/Herbert Wieser, Klagenfurt

Bildnachweis: Alle Abbildungen stammen vom Autor, ausgenommen jene, die einen Hinweis auf einen anderen Autor im Bildtext enthalten.

Bibliografische Information der Deutschen Nationalbibliothek:
Die Deutsche Nationalbibliothek verzeichnet diese Publikation in der Deutschen Nationalbibliografie; detaillierte bibliografische Daten sind im Internet unter http://dnb.d-nb.de abrufbar.

Hinweis: Dieses Buch wurde auf chlorfrei gebleichtem Papier gedruckt. Die zum Schutz vor Verschmutzung verwendete Einschweißfolie ist aus Polyethylen chlor- und schwefelfrei hergestellt. Diese umweltfreundliche Folie verhält sich grundwasserneutral, ist voll recyclingfähig und verbrennt in Müllverbrennungsanlagen völlig ungiftig.

Auf Wunsch senden wir Ihnen gerne kostenlos unser Verlagsverzeichnis zu:
Leopold Stocker Verlag GmbH
Hofgasse 5/Postfach 438
A-8011 Graz
Tel.: +43 (0)316/82 16 36
Fax: +43 (0)316/83 56 12
E-Mail: stocker-verlag@stocker-verlag.com
www.stocker-verlag.com

ISBN 978-3-7020-2303-4

INHALT

Foto: pixabay/Wolfgang Eckert

VORWORT

Das Einkochen von Früchten zu unterschiedlichsten Produkten hat lange Tradition und viele von uns verbinden Kindheitserinnerungen damit. Für mich persönlich war Konfitüre – oder wie wir in Österreich sagen „Marmelade" aus Erdbeeren, Himbeeren & Co. – ein fester Bestandteil des Frühstücks. Auch heute darf bei einem ausgedehnten Frühstück am Wochenende ein fruchtiger Aufstrich nicht fehlen. Dabei bleibt es für mich fernab aller EU-Verordnungen immer noch „Marmelade", die aufs Brot kommt.

Dieses Buch möchte Ihnen die Freude am Einmachen näherbringen und gleichzeitig das nötige Wissen vermitteln, um eigene Kreationen zu entwickeln. Denn während man im Internet eine schier unendliche Menge an Rezepten findet, fehlt es oft an einer verständlichen Erklärung der Grundlagen. Warum geliert eine Konfitüre manchmal nicht? Was macht ein Gelee haltbar? Welche Zutaten und Techniken eignen sich am besten? Diese Fragen sollen hier beantwortet werden.

Neben einer Auswahl an klassischen und kreativen Rezepten liegt der Fokus dieses Buches auf den Grundprinzipien des Einmachens: von den richtigen Zutaten über die Geliermittel bis hin zur Haltbarkeit. Mit diesem Wissen können Sie sowohl bewährte Rezepte nachkochen, als auch neue Geschmacksrichtungen ausprobieren. Denn erst mit einem soliden Verständnis der Grundlagen wird das Experimentieren in der Küche zu einem Vergnügen.

Vielleicht haben Sie selbst schon erlebt, dass eine Konfitüre nicht fest wurde oder ein Glas während der Lagerung verdorben ist. Solche Pannen gehören zum Lernprozess dazu – und wem das noch nie passiert ist, der hat vermutlich noch nie eingekocht. Dieses Buch soll Ihnen dabei helfen, solche Unsicherheiten zu überwinden und die Ursachen möglicher Fehler zu verstehen.

Mein Ziel ist es, Ihnen nicht nur praktische Tipps und Anleitungen zu geben, sondern auch die Begeisterung für das Einmachen zu wecken. Ob Sie nun den Obstsegen aus dem eigenen Garten verarbeiten oder besondere Fruchtkombinationen ausprobieren möchten – dieses Buch soll Ihnen als verlässlicher Begleiter dienen. Lassen Sie sich inspirieren und entdecken Sie die Vielfalt, die das Einmachen von Früchten bietet!

Beim Lesen und Ausprobieren der Rezepte wünsche ich Ihnen viel Spaß und vor allem gutes Gelingen!

Georg Innerhofer
Obervogau, im Sommer 2025

BLICK ZURÜCK

Die Ursprünge der Marmeladenherstellung reichen weit in die Vergangenheit zurück und sind eng mit der Geschichte der Konservierung von Lebensmitteln verbunden. Bereits in der Antike suchten die Menschen nach Methoden, um Früchte über längere Zeiträume haltbar zu machen und so auch außerhalb der Erntezeit genießen zu können.

Die ersten schriftlichen Aufzeichnungen über die Herstellung von Fruchtkonserven stammen aus dem antiken Griechenland und Rom. Die Griechen verwendeten Honig, um Früchte zu konservieren, während die Römer Zuckerrohrsaft, der damals aus dem Nahen Osten importiert wurde, bevorzugten. Die Methode, Früchte in Honig oder Zucker einzulegen, wurde in der römischen Küche weit verbreitet und stellte eine frühe Form der Marmeladenherstellung dar.

Im Mittelalter wurde die Technik der Fruchtkonservierung weiter verfeinert. Vor allem in den Klöstern Europas spielte die Konservierung von Früchten eine wichtige Rolle. Dort entwickelten die Mönche Rezepte zum Aufbewahren der süßen Ernten aus den Klostergärten.

Mit der Entdeckung der Neuen Welt im 15. und 16. Jahrhundert und dem daraus resultierenden Import von Rohrzucker aus der Karibik wurde Zucker in Europa allmählich erschwinglicher. Das führte zu einer breiteren Verfügbarkeit und einer zunehmenden Popularität von süßen Fruchtaufstrichen. Diese frühen Marmeladen waren jedoch oft nur den Reichen vorbehalten, da Zucker ein teures und seltenes Gut war.

In Portugal und Spanien entwickelte sich die Marmeladenherstellung zu einer Kunstform. Der Begriff „Marmelade" leitet sich vom portugiesischen Wort „marmelo" für Quitte ab, da Quittenpaste eine der frühesten Formen der Marmelade war.

Mit modernen Einkochhilfen gelingt das Einkochen sicher und rasch. Foto: Georg Innerhofer

Eine sehr alte Methode ist das Weichkochen der Zwetschken unter ständigem Rühren.

Im 17. und 18. Jahrhundert verbreitete sich die Kunst der Marmeladenherstellung in ganz Europa. Besonders in Großbritannien und Frankreich wurden raffinierte Techniken und Rezepte entwickelt. Die Briten bevorzugten Zitrusfrüchte, insbesondere Orangen, was zur Entstehung der berühmten englischen Orangenmarmelade führte.

Mit der Industrialisierung im 19. Jahrhundert und der Entwicklung neuer Konservierungsmethoden wurde die Herstellung von Marmelade auch für die breite Bevölkerung zugänglich. Der Einsatz von Pektin, einem natürlichen Geliermittel, und die Verbesserung der Konservierungstechniken ermöglichten es, Marmeladen in großem Maßstab zu produzieren und über weite Strecken zu transportieren.

Heute ist Marmelade ein alltägliches Nahrungsmittel in vielen Teilen der Welt. Trotz der industriellen Produktion hat sich die handwerkliche Herstellung von Marmelade einen besonderen Stellenwert bewahrt, da sie oft als hochwertiger und geschmacklich überlegen gilt.

Entsteinen über ein Gitter.

Weiter Einkochen bis zur richtigen Konsistenz.
Fotos: ESTO Project

Foto: pixabay/congerdesign

BEGRIFFSDEFINITIONEN

KONFITÜRE ODER MARMELADE?

Nahezu jede eingemachte Spezialität hat ihre eigene regionale Bezeichnung, die sich von Ort zu Ort unterscheiden kann. Früher unterschied man in Österreich zwischen „Konfitüre" (Fruchtaufstrich mit sichtbaren Fruchtstücken) und „Marmelade" (ohne erkennbare Fruchtstücke). Mit dem EU-Beitritt Österreichs haben diese traditionellen Definitionen jedoch ihre Gültigkeit verloren – in Deutschland gelten die EU-Regeln sogar schon länger.

Die neuen, EU-weit einheitlichen Begriffsbestimmungen wurden zwar offiziell eingeführt, doch im Alltag halten sich die alten Bezeichnungen hartnäckig. So spricht man in Österreich nach wie vor meist von „Erdbeermarmelade", auch wenn laut EU-Recht eigentlich „Erdbeerkonfitüre" korrekt wäre. Für den Verkauf ist die gesetzlich richtige Kennzeichnung Pflicht, im familiären Sprachgebrauch wird aber wohl noch länger von „Marmelade" gesprochen, auch wenn es sich nicht um Produkte aus Zitrusfrüchten handelt.

Durch den Austritt Großbritanniens aus der EU könnten sich die Begriffsregelungen künftig erneut ändern. Es ist gut möglich, dass die Bezeichnung „Marmelade" in Österreich wieder häufiger verwendet werden kann, während ein Aufstrich aus Zitrusfrüchten möglicherweise als „Zitrusmarmelade" bezeichnet werden muss.

Aktuell (Stand 2025) gilt laut Konfitüren-Verordnung

- Konfitüre: Streichfähige Zubereitung aus Frucht und Zucker, mit oder ohne Fruchtstücke.
- Gelee: Streichfähige Zubereitung aus Fruchtsaft und Zucker.
- Marmelade: Streichfähiger Fruchtaufstrich aus Südfrüchten oder Teilen davon und Zucker.
- Chutney: Süß/saure, würzige, eingedickte Zubereitung von Früchten mit Süßungsmitteln, Essig und Gewürzen

Grundsätzlich ist der Begriff „Marmelade" nur für Produkte aus Zitrusfrüchten vorgesehen, wie etwa „Orangenmarmelade". Um die traditionelle Bezeichnung auch für Aufstriche aus einheimischen Früchten erhalten zu können, gilt in Österreich und Deutschland eine Ausnahme. Hier darf „Marmelade“ auch für Fruchtaufstriche verwendet werden – allerdings nur beim Verkauf direkt an Endverbraucher, etwa auf Bauern- oder Wochenmärkten sowie beim Ab-Hof-Verkauf. Auch in diesen Fällen müssen die Produkte den Vorgaben der Konfitüren-Verordnung entsprechen.

Wer in Österreich der Frage der Produktgruppenzugehörigkeit flexibel sein möchte, bezeichnet seinen Aufstrich aus Früchten einfach als „Fruchtaufstrich“. Produkte, die nicht den genauen Vorgaben der Konfitüren-Verordnung entsprechen (z. B. wegen eines geringeren Zuckergehalts oder eines anderen Süßungsmittels), darf man als „Fruchtaufstrich“ bezeichnen und verschenken bzw. vermarkten. Eine genauere Definition finden Sie bei den rechtlichen Vorschriften im Anhang.

Zitrusfrüchte sind die Basis für Marmeladen.
Foto: pixabay/moritz320

GESAMTZUCKERGEHALT – TROCKENSUBSTANZGEHALT

Die beiden Begriffe sind in diesem Buch und auch in der Konfitüren-Verordnung immer angeführt, werden aber immer wieder verwechselt.

Gesamtzuckergehalt: Ist die Summe aller Zucker, die in einer Konfitüre enthalten sind. Besteht aus dem fruchteigenen und dem zugesetzten Zucker.

Trockensubstanzgehalt: Ist die Summe aus allem, was in der Fruchtmasse an Trockensubstanz vorhanden ist. Die Trockensubstanz einer Frucht besteht vorwiegend aus Zucker, aber auch aus Säuren, Gerbstoffen, Mineralstoffen und noch vielem mehr. Nicht damit gemeint sind Stängel oder Kerne.

In einem Fruchtaufstrich bestehen Gesamtzuckergehalt bzw. Trockensubstanzgehalt immer aus den fruchteigenen gelösten Stoffen und dem zugesetzten Zucker. Der Anteil an Zucker ist vor allem in den fertigen Konfitüren so hoch, dass zwischen diesen Werten nur minimale Unterschiede bestehen und sie werden daher gleichgesetzt. Das heißt, dass Gesamtzuckergehalt und Gesamttrockensubstanzgehalt ist das gleiche. Gemessen wird der Wert mit einem Refraktometer mit der Einheit Brix.

Trockensubstanzgehalt =
Gesamtzuckergehalt = °Brix

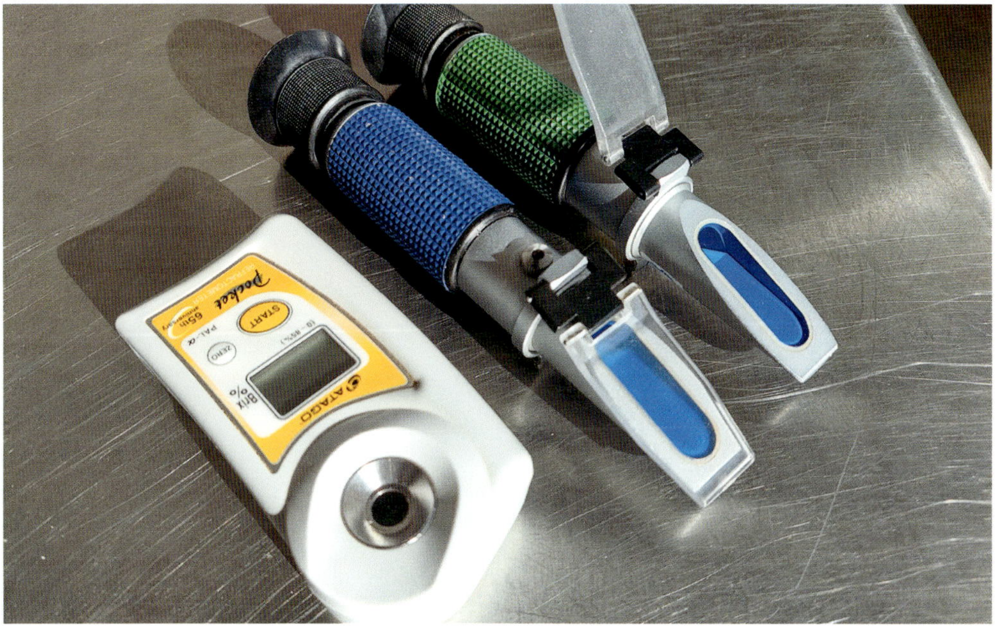

Digitales sowie zwei analoge Handrefraktometer zur Zuckergehaltsmessung. Foto: Georg Innerhofer

Foto: freepik/freepik

SICHER EINKOCHEN: RÄUME, REGELN & HYGIENE

Wer Fruchtaufstriche herstellt, sollte auf Hygiene und Sauberkeit achten – egal ob für den Eigenbedarf oder zum Weitergeben und Verkaufen. In Österreich gelten wie im ganzen EU-Raum klare Vorgaben, um die Lebensmittelsicherheit zu gewährleisten, etwa die Lebensmittelhygiene-Verordnung und das Infektionsschutzgesetz. Für kleine Hersteller reichen meist einfache, gut umsetzbare Maßnahmen, um sicher und gesetzeskonform zu arbeiten.

Wichtige Grundsätze

- Die Gesundheit der Konsumenten steht immer an erster Stelle.
- Alle Produktionsschritte – von der Auswahl der Früchte bis zur Verarbeitung – müssen sauber und sorgfältig erfolgen.
- Auch Hobbyhersteller profitieren von den Regeln für gewerbliche Küchen.

GEEIGNETER VERARBEITUNGSRAUM

Lebensmittel sollten in geeigneten, sauberen und gut belüfteten Küchen hergestellt werden. Die eigene Haushaltsküche darf nur dann als Verarbeitungsraum genutzt werden, wenn Arbeitsflächen glatt, leicht zu reinigen und desinfizierbar sind. Haustiere, Zimmerpflanzen und unnötige Gegenstände dürfen während der Produktion nicht im Raum sein. Andere Personen dürfen die Küche nur betreten, wenn sie direkt mitarbeiten und die gleichen Hygieneregeln einhalten.

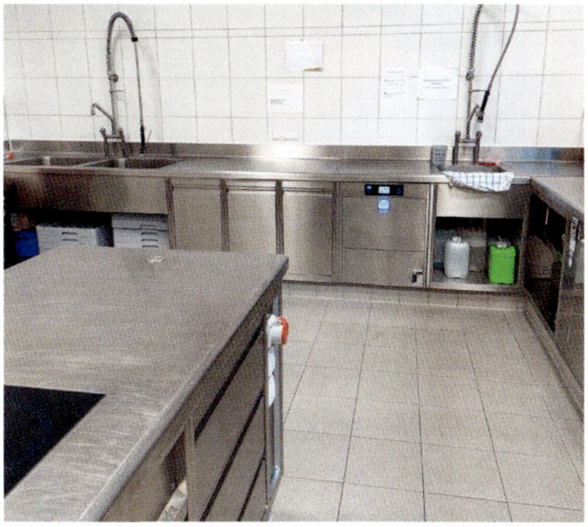

Diese top ausgestattete Verarbeitungsküche entspricht allen Hygienevorgaben.
Foto: Georg Innerhofer

Eine saubere Haushaltsküche ist unter Umständen auch als Einkochküche geeignet.
Foto: pixabay/AddiGibson

- Essen, Trinken oder Rauchen sind während der Herstellung nicht erlaubt.
- Die Reinigung von Räumen und Geräten sollte regelmäßig und gründlich erfolgen. Ein einfacher Reinigungsplan sorgt für Übersicht und Sicherheit.
- Die häufigsten Gefahren im Glas (wie Schimmelpilze oder Glasscherben) lassen sich durch sauberes Arbeiten und die Auswahl einwandfreier Früchte leicht vermeiden.

ANFORDERUNGEN AN DIE HERSTELLENDE PERSON

Wer Fruchtaufstriche herstellt, trägt die Verantwortung für Qualität und Sicherheit der Produkte. Für den Eigenbedarf reichen gesunder Menschenverstand und praktische Erfahrung. Wer verkauft, benötigt eine Gesundheitsbelehrung und Kenntnisse über hygienisches Arbeiten (z. B. HACCP-Schulung). Auch für die Hersteller kleiner Mengen lassen sich diese Anforderungen recht gut im Alltag integrieren.

Alle, die bei der Herstellung mitarbeiten, müssen auf persönliche Hygiene achten!

- Saubere Arbeitskleidung, die die private Kleidung bedeckt.
- Kein Schmuck, keine offenen Haare, keine geklebten Fingernägel.
- Vor Arbeitsbeginn und nach Pausen gründliches Händewaschen und Desinfizieren (mit Flüssigseife, Desinfektionsmittel und frischen Handtüchern).

HYGIENEVORSCHRIFTEN

Sauberkeit ist das A und O – unabhängig davon, ob für den Eigenbedarf oder für andere produziert wird. Dazu gehören:

- Regelmäßige Reinigung von Geräten, Oberflächen und Räumen.
- Persönliche Hygienemaßnahmen wie saubere Kleidung und Hände.
- Wer verkauft, sollte Hygieneschulungen besuchen und Reinigungspläne erstellen, einhalten und deren Umsetzung dokumentieren.
- Saubere Oberflächen, Geschirr, Hände, Kleidung und Früchte sind selbstverständlich und entscheidend für ein sicheres und haltbares Produkt. Auch wenn viele Vorschriften für Betriebe gemacht sind, lohnt es sich, sie auch im privaten Bereich zu beachten. Je sauberer gearbeitet wird, desto größer ist die Sicherheit bei der Produktion. Gleichzeitig steigen damit Qualität und Haltbarkeit der Fruchtaufstriche mit an.

Mit dieser Ausrüstung ist man für die Herstellung der meisten Konfitüren gut vorbereitet. Foto: Georg Innerhofer

AUSSTATTUNG UND GERÄTSCHAFTEN

GERÄTSCHAFTEN

Die benötigte Ausrüstung zur Konfitürenherstellung hängt stark von den geplanten Herstellungsmengen ab. Für den Eigenbedarf oder auch für kleinere Mengen, die vermarktet werden sollen, reicht eine gut ausgestattete Haushaltsküche meist aus. Hier findet man alles, was benötigt wird.

Für größere Mengen wird es jedoch schwieriger, passende Gerätschaften zu finden. Am ehesten wird man bei Gerätschaften für die Gastronomie bzw. Großküchen fündig. Für die industrielle Herstellung sind spezialisierte Maschinenbauer die richtige Anlaufstelle.

Eine gute Waage ist eine Voraussetzung für das Gelingen vieler Rezepte. Foto: Georg Innerhofer

Für die Verarbeitung im Haushalt sind folgende Utensilien unverzichtbar:

- Eine genaue (Küchen)waage, um die Zutaten präzise abwiegen zu können.
- Ein großer Topf, idealerweise aus Edelstahl (eventuell mit Doppelmantel), zum Kochen der Fruchtmasse.
- Schäler und kleines Messer, um die Früchte vorzubereiten und zu zerkleinern.
- Pürierstab oder Küchenmaschine, um die Früchte effizient zu zerkleinern. Sollte keines von beiden vorhanden sein, kann dies auch mit einem Messer, etwas Zeit und Geschick erledigt werden.
- Flotte Lotte (oder eine Passiermaschine) um feste Fruchtbestandteile wie Kerne und Stängel zu entfernen
- Für Geleehersteller ist eine Einrichtung zum Entsaften notwendig.

Ein Pürierstab leistet oft wertvolle Dienste.
Foto: Georg Innerhofer

Für das Kochen und Abfüllen sind folgende Werkzeuge wichtig:

- Kochlöffel, um die Masse gleichmäßig umzurühren.
- Schaumlöffel, um eventuell entstehenden Schaum abzuschöpfen.
- Schöpflöffel, um die heiße Masse sauber in die Gläser zu füllen.
- Küchenuhr, da viele Geliermittel eine genaue Kochzeit (z. B. 4 Minuten) erfordern. Das Gefühl für Zeit kann täuschen – daher ist eine Uhr unverzichtbar, um optimale Ergebnisse zu erzielen.
- Einfülltrichter, um die heiße Fruchtmasse sauber in die Gläser einzufüllen.

Die Flotte Lotte ist weit verbreitet zum Passieren kleinerer Mengen. Foto: Georg Innerhofer

Passiermaschine zum maschinellen Abtrennen von Stielen, Kernen und anderen festen Fruchtbestandteilen. Foto: Georg Innerhofer

Zum Abschluss der Konfitürenherstellung benötigt man:

- Die passenden Gläser mit Verschlüssen, um die Fruchtaufstriche sicher aufzubewahren.
- Etiketten, um die Gläser ansprechend zu beschriften und zu kennzeichnen.

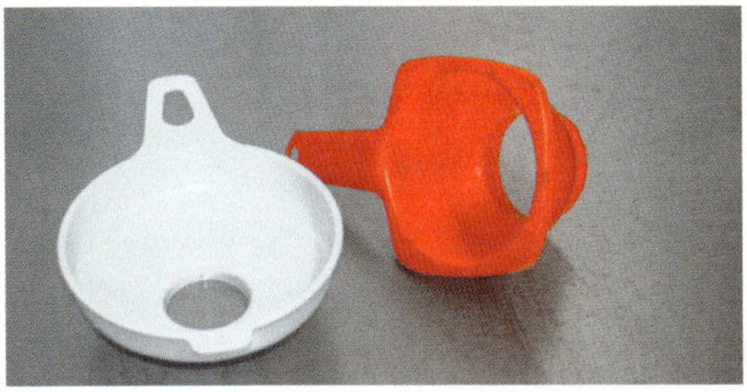

Einfülltrichter erleichtern das Abfüllen deutlich.
Foto: Georg Innerhofer

Blick in einen Kochkessel mit Rührwerk und Abschabeblättern.
Foto: Kreuzmayr Maschinenbau GmbH

Wer Konfitüren für den Verkauf in größeren Stückzahlen herstellt findet mit den erwähnten Dingen nicht das Auslangen.

- Passiermaschine: als große „Flotte Lotte" kann man damit rasch Stiele, Kerne oder Schalenteile entfernen und erhält eine einheitlich feine Fruchtmasse, Fruchtmark genannt. Mit der Feinheit des Siebeinsatzes regelt man auch die Feinheit vom Mark.
- Kochkessel ermöglichen größere Kochchargen. Sie sind meistens mit Heizungssteuerung, Rührwerk, Ablasshahn und Abschabeelementen im Inneren ausgestattet.
- Mit der Hilfe von Füllmaschinen lassen sich die größeren Mengen rasch, gleichmäßig und nahezu tropffrei in die Gläser abfüllen.

Abfüllgerät für größere Stückzahlen bei fruchtfleischhaltigen Konfitüren. Foto: Fillogy

GLÄSER UND VERSCHLÜSSE

Bei der Herstellung von gelierten Fruchtaufstrichen kommen viele verschiedene Geräte und Werkzeuge zum Einsatz, doch bei der Wahl des Gebindes ist die Auswahl unabhängig von der Produktionsmenge deutlich eingeschränkter. Gläser sind hier die bevorzugte Wahl, da Kunststoffbehälter für Fruchtaufstriche weniger geeignet sind. Sie sind weder optimal für die Heißabfüllung noch lassen sie sich nachhaltig wiederverwenden, was ihre Eignung erheblich verringert.

Gläser hingegen bieten eine große Vielfalt an Formen, Größen und Designs, die sowohl funktional als auch vom Aussehen her überzeugen. Die Wahl der Form bleibt dem persönlichen Geschmack überlassen – gut ist, was gefällt. Bei der Glasgröße sollten jedoch praktische Überlegungen angestellt werden. Kleine Gläser mit einem Volumen zwischen 125 und 250 g sind ideal für Fruchtaufstriche. Sie erleichtern das Gelieren der Fruchtmasse und bieten den Vorteil, dass sie schneller geleert werden können. Dies ermöglicht einen häufigen Wechsel zwischen verschiedenen Sorten und verhindert, dass man sich durch „Einheitskonfitüre" die Freude am Frühstück verdirbt. Zudem erleichtert eine geeignete Glasform das vollständige Auslöffeln und die Reinigung.

Ein weiterer Vorteil kleiner Gläser liegt in ihrer Haltbarkeit. Solange der Verschluss dicht ist, bleibt die Konfitüre oder Marmelade auch in großen Gläsern sicher konserviert. Sobald ein Glas geöffnet wird, steigt das Risiko mikrobiellen Verderbs und hier sprechen kleinere Gläser für sich. Sie werden schneller verbraucht und reduzieren so die Gefahr eines möglichen Verderbs.

Neben Größe und Form spielt auch die Wahl des Verschlusses eine wichtige Rolle. Die Art des Verschlusses beeinflusst nicht nur die Handhabung, sondern indirekt auch die Haltbarkeit der Konfitüren.

Lange bevor moderne Drehverschlüsse leicht verfügbar waren und sich durchsetzten, war Zellophan der verbreitetste Verschluss von Konfitüregläsern. Man spannte es über die Glasöffnung und fixierte es mit einem Gummiring oder Faden. Beim Abkühlen zog sich die Fruchtmasse zusammen, und die Folie lag dicht auf.

Neben dem unpraktischen Arbeiten war Zellophan durchlässig für Wasserdampf, wodurch die Konfitüren mit der Zeit austrockneten. Außerdem waren die Gläser nach dem Öffnen nicht mehr verschließbar. Heute wird es nicht mehr zum Verschließen von Konfitüregläsern verwendet.

Gläser für Twist-off-Deckel haben die größte Bedeutung bei Konfitüren. Foto: Georg Innerhofer

Die durchsichtigen Zellophan-Folien waren nie ganz dicht, Konfitüren trockneten aus und oxidierten. Foto: Georg Innerhofer

Twist-off-Gläser

Eigenschaften

Für Twist-off-Deckel geeignete Gläser nennt man auch Twist-off-Gläser. Sie sind die am häufigsten verwendeten Gebinde für Konfitüren und Fruchtaufstriche. Sie bieten eine einfache Handhabung, da sie leicht „zu-" und „aufgeschraubt" werden können. Twist-off-Gläser unterscheiden sich von klassischen Schraubgläsern durch ihren speziellen Verschlussmechanismus. Statt eines durchgängigen Gewindes besitzen sie kleine Metallvorsprünge, sogenannte Nocken, die den Deckel am Glas fixieren. Dieser Nockendrehverschluss ahmt das Prinzip der Weckgläser nach und ist besonders für die maschinelle Abfüllung geeignet.

Deckel

Twist-off-Deckel sind innen mit Kunststoff beschichtet, was eine luftdichte Abdichtung gewährleistet. Beim Abkühlen der heißen Fruchtmasse entsteht ein Unterdruck (Vakuum), der den Deckel fest anzieht und die Haltbarkeit der Konfitüre sichert. Ein hörbares „Plopp" beim ersten Öffnen zeigt die Dichtheit des Verschlusses an, manche Deckel verfügen zusätzlich über einen Vakuum-Indikator.

Für das Verschließen von Gläsern mit selbstgemachten Fruchtaufstrichen oder anderen Lebensmitteln gibt es verschiedene Arten von Deckeln. Einfache Twist-off-Deckel sind für heiße Fruchtaufstriche bis etwa 95 °C geeignet.

Grundsätzlich lassen sich Twist-off-Deckel auch mehrfach verwenden. Allerdings ist bei gebrauchten Deckeln nicht sicher, ob sie noch richtig abdichten. Besonders wenn man Konfitüren verkaufen möchte, ist es besser, neue Deckel zu benutzen. Beschädiget oder verbogene Deckel sollte man nicht mehr verwenden. Sie könnten Luft mit Keimen in das Glas lassen – das kann gerade bei zuckerarmen oder ohne Konservierungsstoffe hergestellten Fruchtaufstrichen zu schnellem Verderb führen.

Wer fetthaltige Produkte wie Pesto oder eingelegtes Gemüse abfüllen möchte, sollte lieber BLUESEAL-Deckel verwenden. Diese enthalten in ihrer Dichtung weder PVC noch Weichmacher. Der blaue Dichtungsring in diesen Deckeln sorgt außerdem dafür, dass keine schädlichen Stoffe in die Lebensmittel übergehen.

Wenn heiße Fruchtmasse in Gläser gefüllt wird, entsteht beim Abkühlen ein Unterdruck. Dieser sorgt dafür, dass sich der Deckel fest auf das Glas zieht. Je heißer der Inhalt beim Abfüllen ist, desto stärker ist dieser Unterdruck. Falls sich ein Deckel später nur schwer öffnen lässt, hilft es oft, kräftig auf den Boden des Glases zu schlagen – so löst sich die Spannung im Verschluss.

Mit Gewalt und einem Tafelmesser lässt sich jedes Glas öffnen. Wird der Deckel dabei verbogen, schließt er nicht mehr dicht ab.

BLUESEAL-Deckel eignen sich speziell für fetthaltiges Füllgut. Fotos: Georg Innerhofer

Mason Jars

Eigenschaften

Mason Jars sind klassische Einmachgläser aus den USA, die sich durch ihren zweiteiligen Schraubverschluss auszeichnen. Daher stammen auch die im metrischen Maß sonderbaren Füllmengen. In den USA sind das 4-, 8- 12- oder 16-Unzen-Gläser und somit gängige Größen. Die Gläser selbst sind aus stabilem Glas gefertigt, das Temperaturwechsel (z. B. Heißabfüllung oder Einkochen im Wasserbad) gut aushält und viele Jahre genutzt werden können.

Die Gläser sind durch andere Deckelarten besonders vielseitig einsetzbar und eignen sich hervorragend für die Zubereitung von Konfitüren sowie Kompotten, die kalt eingefüllt und anschließend erhitzt werden. Beim Erhitzen kann die Luft wegen des nur leicht aufgesetzten Deckels entweichen. Erst nach dem Abkühlen entsteht ein Unterdruck im Glas, der den Deckel fest auf das Glas zieht.

Die Gläser sind in verschiedenen Größen erhältlich, meist zwischen 150 ml und 1.000 ml, und werden sowohl für das Einkochen als auch für die Aufbewahrung von Vorräten genutzt. Dank ihres robusten Designs und der luftdichten Verschließbarkeit sind sie ideal für den Transport und die sichere Lagerung von Lebensmitteln.

Deckel

Mason Jars, also spezielle Einmachgläser, haben einen zweiteiligen Schraubverschluss mit einer praktischen Besonderheit. Der Deckel besteht aus zwei Teilen: einer Deckelscheibe und einem Schraubring. Die Deckelscheibe hat eine Gummidichtung und sorgt dafür, dass das Glas luftdicht verschlossen wird. Aus hygienischen Gründen sollte sie nur einmal für heiße Lebensmittel verwendet werden. Danach eignet sie sich aber immer noch gut zur Aufbewahrung von trockenen Lebensmitteln. Der Schraubring hält die Deckelscheibe während des Einkochens an Ort und Stelle. Wichtig ist dabei, ihn nur leicht mit den Fingern festzuziehen – also „fingerdicht“. So kann während des Einkochvorgangs Luft entweichen.

Beim Abkühlen entsteht im Glas ein Unterdruck, der die Deckelscheibe fest ans Glas zieht. Der Schraubring ist dann nicht mehr nötig und kann entfernt werden, denn der Deckel bleibt durch das Vakuum sicher verschlossen. Manche Deckel haben einen kleinen Button in der Mitte, der beim Abkühlen hörbar „knackt“. Das Geräusch zeigt, dass das Glas erfolgreich versiegelt wurde.

Neben der Funktionalität sehen Mason Jars auch hübsch aus und sind deshalb besonders beliebt als Verpackung für selbstgemachte Geschenke wie Marmeladen oder Kompott.

Achte darauf, den Schraubring beim Verschließen nicht zu fest anzuziehen, sonst kann das Glas nicht richtig abdichten. Wenn du heiße Speisen wie Kompott oder Fruchtaufstriche einfüllst, sollte die Temperatur über 80 °C liegen. Beim Abkühlen der heißen Fruchtmasse zieht sich diese zusammen und es entsteht ein starkes Vakuum, das den Deckel sicher am Glas hält. Verwende außerdem keine beschädigten oder verbogenen Deckelscheiben, da sie nicht mehr richtig abdichten und so das Einkochgut verderben könnten.

Bügelgläser

Eigenschaften

Bügelgläser, auch Drahtbügelgläser genannt, sind Einmachgläser mit einem traditionellen Verschlusssystem, bei dem der Deckel über einen Drahtbügel auf die Glasmündung gedrückt wird. Zwischen Glas und Deckel befindet sich ein Gummiring, der eine luftdichte Versiegelung gewährleistet und das Eindringen von Schimmel oder Hefen verhindert. Diese Gläser sind vielseitig einsetzbar und eignen sich besonders für das Einlegen, Fermentieren und die Aufbewahrung von Lebensmitteln.

Bügelgläser sind in verschiedenen Größen erhältlich und bieten sowohl für kleine Mengen (z. B. Pesto) als auch größere Füllmengen (z. B. eingelegtes Gemüse oder Essigfrüchte) eine praktische Lösung. Sie sind dekorativ und werden häufig als Vorratsgläser oder für Geschenke aus der Küche verwendet.

Deckel

Bügelgläser besitzen ein spezielles Verschlusssystem, das aus einem Glasdeckel und einem Gummiring besteht. Der Deckel wird mithilfe eines Drahtbügels fest auf das Glas gedrückt. Der Gummiring sorgt dabei für die nötige Abdichtung und verhindert, dass Luft ins Innere gelangt.

Drahtbügelgläser sind zwar dekorativ, aber in der Handhabung unpraktisch. Foto: Karin Ch. Taferner

Es ist wichtig, den Gummiring von Jahr zu Jahr zu kontrollieren, da er mit der Zeit spröde oder porös werden kann. Ersatz ist jedoch leicht im Handel erhältlich. Es gibt auch Bügelgläser mit Silikonringen, diese sind allerdings nicht zum Einkochen geeignet.

Bügelgläser sind vielseitig einsetzbar. Sie eignen sich neben dem Einmachen auch hervorragend zum Einlegen von Gemüse in Öl oder Essig sowie zur Fermentation. Beim Fermentieren kann durch den Gummiring das entstehende Gas entweichen, ohne dass Sauerstoff ins Glas gelangt – dadurch entsteht eine sauerstoffarme Umgebung, die ideal für diesen Prozess ist. Auch zur Aufbewahrung von trockenen Lebensmitteln wie Kräutern, Salz oder Tee sind Bügelgläser ebenfalls gut geeignet.

Vor dem Befüllen sollten sowohl das Glas als auch der Gummiring gründlich gereinigt werden. Der Gummiring muss sauber und unbeschädigt sein, damit das Glas sicher verschlossen ist. Nach dem Öffnen sollte der Deckel immer noch gut auf dem Glas sitzen – je nachdem, wie stark der Unterdruck im Glas war, kann das Öffnen mal leichter und mal schwerer gehen. Für ölhaltige Lebensmittel sind Bügelgläser nicht ideal, da Öl die Dichtwirkung des Gummirings beeinträchtigen kann.

Weckgläser

Eigenschaften

Weckgläser, auch Einweckgläser genannt, sind die klassischen Einmachgläser, die seit Generationen für das Einkochen verwendet werden. Sie bestehen aus vier Komponenten: Glasunterteil, Glasdeckel, Gummiring und Metallklammern. Dieses System ermöglicht eine sichere Konservierung durch die Bildung eines Vakuums nach dem Erhitzen. Weckgläser sind besonders vielseitig und eignen sich für das Einkochen von Marmeladen, Kompotten, eingelegtem Gemüse sowie für das Backen im Glas.

Die Gläser sind in verschiedenen Größen und Formen erhältlich und zeichnen sich durch ihre weite Öffnung aus, die das Befüllen und Entnehmen erleichtert. Sie sind geschmacksneutral, wiederverwendbar und nachhaltig, was sie zu einer beliebten Wahl für die Vorratshaltung macht.

Rex- oder Einweckgläser sind eher für größere Füllmengen geeignet. Foto: pixabay/KRiemer

Deckel

Nach dem Füllen werden die Gläser verschlossen, die Deckel mit einem Drahtbügel fixiert. Falls die Gläser noch einmal erhitzt werden, kann die Luft im Kopfraum des Glases durch den locker fixierten Deckel entweichen. Während des Einkochens halten zwei Metallklammern den Deckel in Position. Erst beim Abkühlen wird der Glasdeckel durch den entstehenden Unterdruck fest auf das Glas gezogen. Der Gummiring sorgt dafür, dass das Glas luftdicht verschlossen bleibt und keine Keime eindringen können.

Vor der Verwendung sollte der Gummiring immer auf Risse oder Beschädigungen geprüft werden, da ein defekter Ring die Dichtwirkung beeinträchtigen kann. Nach dem Einkochen und Abkühlen sollten die Klammern entfernt werden. Wenn der Deckel dann trotzdem fest auf dem Glas sitzt, ist das ein Zeichen dafür, dass sich ein Vakuum gebildet hat und das Glas sicher verschlossen ist.

Weckgläser sind sehr vielseitig und besonders gut geeignet zum Einkochen von Aufstrichen und oder Kompotten. Sie eignen sich auch wunderbar zum Backen im Glas – etwa für kleine Kuchen oder Desserts – und können sogar zum Fermentieren verwendet werden. Dabei kann das beim Gären entstehende Gas entweichen, ohne dass Sauerstoff ins Glas gelangt.

Vor dem Befüllen sollten Weckgläser – wie allen anderen auch – gründlich gereinigt werden. Bei Konfitüren macht sich der Vorteil nicht wirklich bemerkbar, dass sie beim Erhitzen Luft ablassen können und beim Abkühlen den Deckel regelrecht ansaugen. Für die Kompottherstellung ist das ein wichtiger Punkt. Nach dem Abkühlen sollte man prüfen, ob der Deckel gut sitzt – das geht zum Beispiel, indem man versucht, das Glas vorsichtig am Deckel anzuheben. Weckgläser lassen sich auch gut stapeln, allerdings sollte man die unteren Gläser regelmäßig kontrollieren, um sicherzugehen, dass ihre Deckel noch festsitzen.

ZUTATEN

„Erdbeer-Rhabarber-Konfitüre", „Marillenkonfitüre", „Rotweingelee", „Orange-Zitronen-Ingwer-Marmelade" – man könnte hier problemlos noch hunderte Namen von Rezepten erwähnen.

Die Bandbreite an Möglichkeiten zur Herstellung von gelierten Fruchtaufstrichen ist unbegrenzt, und das, obwohl all diese Erzeugnisse aus nur wenigen Grundbestandteilen bestehen.
- Früchte
- Geliermittel
- Süßungsmittel
- Säuerungsmittel
- Konservierungsmittel

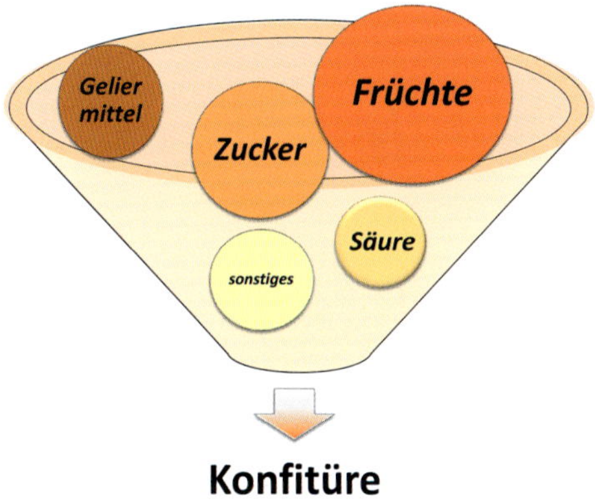

Bestandteile von Konfitüren
Grafik: Georg Innerhofer

Wie in allen Sparten des Kochens gilt auch hier: ein hochwertiges Endprodukt kann nur aus hochwertigen Ausgangsstoffen hergestellt werden. Und erst die gekonnte Mischung der Zutaten bewirkt, dass ein Rezept besser ankommt als ein anderes.

FRÜCHTE

Die Auswahl der Früchte ist für den Geschmack der daraus hergestellten Produkte von allergrößter Bedeutung. Nur aus sehr guten Früchten kann man mit Geschick und Fachwissen ein sehr gutes Endprodukt herstellen. Selbst der geschickteste Verarbeiter kann aus minderwertigen Ausgangsfrüchten kein Spitzenprodukt mehr herstellen.

Es gibt dafür viele geeignete Früchte. Neben heimischem Obst und sogenannten „Exo-

Foto: pixabay/Pexels

ten" gelangen auf der Suche nach neuen Rezepturen auch immer mehr Gemüsearten mit in die Aufstriche hinein. Denn selbst wenn es nur eine begrenzte Anzahl von Obst- bzw. Gemüsearten gibt, so sind es die Mischungen untereinander, die eine unendliche Geschmacksvielfalt ermöglichen. Besonders beliebte Gemüsearten zum Mischen sind Karotte, Rhabarber und Kürbis. Für verwendetes Gemüse gelten dieselben Anforderungen wie für die eingesetzten Früchte.

Vor der Verwendung von neuen Zutaten kann ich eigentlich nur Vorproben empfehlen, um beim fertigen Produkt keine böse Überraschung zu erleben!

Richtige Reife ist auch bei Birnen ein wesentlicher Qualitätsaspekt – vollreif ja, aber nicht überreif. Foto: Georg Innerhofer

Gebräuchliche Obstarten

Nicht alle Obstarten eignen sich gleichermaßen zur Konfitüren- oder Geleeherstellung. Hier sind die geeignetsten von ihnen angeführt.

Apfel

Lange Zeit hatten Aufstriche aus dem Apfel so gut wie keine Bedeutung. Allerdings haben sie in letzter Zeit mit passenden Gewürzen immer mehr Liebhaber gewonnen. Verwenden Sie allerdings eher nur gelbschalige Sorten, Sorten mit einer roten Schale neigen immer etwas zum Bräunen. Gelees allein sind nicht besonders aromatisch, in Kombination mit Minze aber gut geeignet.

Birne

Die Birne gehört zu den Früchten, die mit Ausnahme weniger Sorten keinen eindeutigen Eigengeschmack haben. Sie werden daher am ehesten für Konfitüren aus Fruchtmischungen mit Früchten gleicher Reifezeit wie dem Schwarzen Holunder oder Brombeeren verwendet. Für Produkte nur aus der Birne eignet sich die Sorte Williams Christ am besten.

Mispel

Diese recht häufig in Mitteleuropa zu findende Frucht eignet sich außer für den Frischverzehr und die Brennerei noch ausgezeichnet zur Herstellung eines intensiven Fruchtmarks. Man darf sie allerdings erst nach dem ersten Frost ernten und anschließend so lange lagern, bis sie ganz weich werden. Der Geschmack vom Fruchtmark erinnert an hochreife Mostbirnen.

Quitte

Hocharomatische Quitten ergeben ebensolche Konfitüren oder Gelees. Selbst ohne das Enzymieren kann man aus den sehr har-

Quitte Foto: Georg Innerhofer

ten Früchten, wenn man sie mahlen kann, durch Abpressen einen sehr guten, relativ leicht gelierenden Saft gewinnen. Quittengelee bekommt mit der Zeit eine leuchtend bernsteinartig-goldbraune Farbe.

Marille

Die sehr aromatische und farbintensive Marille ist die klassische Frucht für Konfitüren. Vollreife Früchte ergeben leuchtend orange, hocharomatische Konfitüren, eignen sich aber nicht für Gelees.

Fruchtmischungen mit der Marille findet man eher selten, da sowohl Farbe als auch Aroma der reifen Marillen einzigartig sind und von dazu gemischten Früchten eher nur zurückgehalten werden. Schließlich: Was wäre ein Faschingskrapfen ohne die Marmeladenfüllung?

Pfirsich

Für Pfirsiche oder Nektarinen gelten die gleichen Aspekte wie für die Marille. Sie eignen sich recht gut für Konfitüren, sind aber auch in Chutneys fast ein Ersatz für Mangos. Gut geeignet sind allerdings eher nur intensiv goldgelbe Typen. Weißfleischige Sorten mit roter Schale, wie die meisten Weingartenpfirsichtypen, eignen sich nicht so gut, weil sie sich recht leicht bräunlich färben. Verwenden Sie bei weißfleischigen Typen nur Sorten ohne rote Schale.

Kirsche

Besonders gut zum Einmachen eignen sich Sauerkirschen. Sie sind sehr aromatisch und ihre rote Farbe wird auch durch die Lagerung nicht braun. Konfitüren aus Süßkirschen werden recht bald braun, sehr dunkle Sorten sind meistens aromatischer und eignen sich daher besser.

Zwetschke, Pflaume, Kriecherl

Fruchtaufstriche aus Zwetschken haben keine stabile rote Farbe und werden bald bräunlich. Bedeutung hat noch Powidl, bei dessen Herstellung die Zwetschken so lange gekocht werden, bis sie Farbe und Geschmack der Zwetschken verloren haben.

Bei diesen Kriecherln muss viel aussortiert bzw. ausgeschnitten werden. Foto: Georg Innerhofer

Mirabelle, Ringlotte

Gelbfleischige und gelbschalige Typen ergeben Aufstriche mit intensiver Färbung, neigen allerdings auch etwas zum Bräunen. Sorten mit violetter Beduftung oder roter Backe bräunen noch stärker.

Johannisbeere

Egal ob rote oder Schwarze Johannisbeere, beide eignen sich recht gut für sowohl Konfitüren als auch für Gelees. Beide Arten sind aromatisch und gelieren leicht. Probleme verursachen die Kerne in den Früchten, viele mögen die Kerne nicht, die sich hartnäckig zwischen den Zähnen verkeilen können.

Erdbeere

Frische, leuchtend rote Erdbeermarmelade ist ein erstrebenswertes Ziel für die Konfitürenkocher. Jeder wünscht sich, diese Farbe und das Aroma übers Jahr erhalten zu können. Doch meistens hat sich die leuchtend rote Farbe nach bereits wenigen Monaten verabschiedet und ist einem blassen Rot mit deutlichem Braunstich gewichen.

Die Farbe der Erdbeeren zu erhalten, ist eine Herausforderung. Foto: Georg Innerhofer

Nicht jeder mag die Kerne der Himbeeren in seinem Fruchtaufstrich. Foto: Georg Innerhofer

Himbeere

Diese vollaromatischen Früchte eignen sich sowohl für Konfitüren als auch für Gelees. Wer Himbeersaft zu Gelee verarbeitet, erspart sich das Passieren der Früchte, um kernlose Aufstriche herzustellen.

Heidelbeere

Vollreife wild vorkommende Heidelbeeren ergeben erdig-intensive Aufstriche während Kulturheidelbeeren eher zartfruchtige Aufstriche ergeben. Vor allem wer die Beeren selbst geerntet hat gibt dem Aufstrich daraus einen neuen Stellenwert.

Weintraube

Egal ob rot oder weiß, vor allem aromatische Sorten eignen sich sehr gut, um daraus einen Aufstrich herzustellen. Bei Konfitüren aus den vollreifen Trauben, die mit wenig Zucker eingekocht wurden, kann sich im fertigen Glas Weinstein ausbilden. Man merkt ihn beim Essen, wenn man das Gefühl hat, als ob Sand zwischen den Zähnen wäre. Leider gibt es hier keine einfache Abhilfe. Eine Möglichkeit, um das Ausfallen von Weinstein zu verhindern sind Fruchtmischungen mit Trauben. Dabei verdünnt sich die Weinsäure aus den Trauben ausreichend weit und verhindert somit den Ausfall der Weinsäure in Form von Weinstein.

Schwarzer Holunder

Das Aroma von Schwarzem Holunder spaltet die Kundenschichten wie kaum eine andere Frucht. Die einen lieben es, die anderen können es nicht riechen. Die Holunderbeeren selbst eignen sich sowohl für Konfitüren, Fruchtsaucen, Chutneys und auch Gelees.

Vogelbeere

Vogelbeeren (Früchte der Eberesche) eignen sich durch ihren herben Geschmack durchaus für Aufstriche. Pur sind sie vielen zu herb und haben daher eher in Fruchtmischungen Bedeutung. Für Gelees sind die Vogelbeeren eher weniger geeignet.

Kornelkirsche

Obwohl vom Namen und vom Aussehen her ähnlich, hat die Kornelkirsche nichts mit Kirschen zu tun. Die auch weitläufig als „Dirndl" bekannte Frucht ist noch säuerlich und bitter, selbst wenn sie vollreif ist. Ihr volles Aroma bringt sie nur bei Vollreife, ein zu frühes Verarbeiten ist daher sinnlos.

Sanddorn

Die Früchte des Sanddorns haben einen sehr eigenwilligen Geschmack, Aufstriche daraus finden nur wenige Anhänger. Für diese ist der Sanddorn allerdings ein regelrechter Vitaminspender, er enthält große Mengen an Vitaminen, vor allem an Vitamin C. Aufgrund des Geschmacks wird Sanddorn eher als Mischungspartner mit anderen Früchten zu Konfitüren verarbeitet.

Stachelbeere

Aufstriche nur aus Stachelbeeren haben selten eine ansprechende Farbe. Verwenden Sie entweder nur ganz rote oder nur ganz grün-gelbe Früchte, andernfalls bekommt die Konfitüre bald einmal eine unattraktive Farbe. Sie eignen sich als gut gelierender Mischungspartner und wirken sich aufgrund ihres Pektingehalts positiv auf das Gelierverhalten aus.

Orange und Zitrone

Marmeladen sind Aufstriche aus Südfrüchten, vorwiegend aus Orangen und Zitronen. Sowohl Fruchtfleisch, Saft als auch Schale eignen sich je nach Rezept zur Verarbeitung. In Mitteleuropa vielleicht nicht so bedeutend, haben Marmeladen im englischsprachigen Raum doch größte Bedeutung.

Kornelkirschen Foto: Georg Innerhofer

Orangen Foto: pixabay/JoanjoCastello

Berberitze Foto: pixabay/JA2020

Berberitze

Die Früchte der Berberitze waren früher ein beliebter Mischungspartner für Konfitüren oder Gelees und haben heute wieder an Bedeutung für jene gewonnen, die Besonderes herstellen wollen.

Achtung: Nur die voll ausgereiften, roten Früchte der Berberitze sind essbar und für die Herstellung von Gelees oder Marmeladen geeignet. Alle anderen Pflanzenteile, auch die unreifen Beeren, können in größeren Mengen giftig wirken. Beim Sammeln ist daher besondere Sorgfalt geboten.

Rhabarber

Die Stängel der Rhabarberpflanze haben einen aromatisch-säuerlichen Geschmack. Werden die Stängel zu alt, sind sie holzig und verlieren deutlich an Aroma. Rhabarber eignet sich nicht unbedingt für reinsortige Konfitüren, ist aber ein aromatischer und vor allem saurer Mischungspartner.

Feige

Seit wenigen Jahren wachsen Feigen ungeschützt im Freien in Mitteleuropa. Im vollreifen Zustand schmecken sie sehr süß und aromatisch, sie eignen sich daher gut für Aufstriche.

Feige Foto: pixabay/ulleo

Ingwer Foto: freepik/jcomp

Ingwer

Ähnlich wie Südfrüchte bringt auch der Ingwer eine gewisse Zitrus-Frische in einen Aufstrich, der sonst vielleicht etwas fad wirkt. In größerer Menge zugesetzt bringt Ingwer auch Schärfe.

Kürbis

Kürbisse sind Früchte vom Acker, die selbst nur selten einen speziellen Geschmack haben. Einzelne Sorten der Speisekürbisse wie Hokkaido oder Butternut haben allerdings ein süßliches, intensiv goldgelb bis orange gefärbtes Fruchtfleisch und eignen sich gut als Mischungspartner.

Kürbisse sind eher die Trägersubstanz, ohne aromatische Mischungspartner ist ihr Geschmack zwar recht süßlich, aber eher nicht optimal für Aufstriche.

Karotten bringen Farbe in den Fruchtaufstrich.
Foto: pixabay/ka_re

Karotte

Karotten bieten einen relativ neutralen Geschmack mit intensiver, attraktiver Farbe. Sie sind daher auch eher als farbintensive Basis für Aufstriche zu sehen, haben aber für einen Karottenaufstrich allein eher zu wenig Geschmack.

Wem die Vielfalt im eigenen Garten zu klein ist, der kann auch Wildfrüchte verarbeiten. Falls Sie bei einem Spaziergang oder einer Wanderung Früchte im Wald oder am Waldrand entdecken, die Sie zum Mitnehmen und Einkochen inspirieren, dann vergewissern Sie sich rechtzeitig, dass diese Früchte auch verträglich sind und dass der eigentliche Besitzer nichts dagegen hat.
Beim Ernten oder Verarbeiten erweisen sich manche Wildfrüchte zwar als widerspenstig, aber der Geschmack der fertigen Produkte lässt die Mühen der Herstellung bald vergessen.

Richtige Fruchtbeschaffenheit

Reife Früchte

Verarbeiten Sie nur reife Früchte! Nur vollreife Früchte haben das volle Aroma ausgeprägt. Unreifes Obst hat meist nur wenig, manchmal sogar einen schlechten Geschmack. Im Zuge der Reife steigt der Zuckergehalt der Frucht an. Unreifes Obst enthält nur wenig Zucker, was aber bei der Konfitürenherstellung noch durch die Zuckerzugabe ausgeglichen werden kann. Viel wichtiger als der Zuckergehalt allerdings ist, dass nur in den reifen Früchten die meisten Aromastoffe enthalten sind.

Der richtige Reifezustand zur Verarbeitung ist erreicht, wenn die Frucht frisch am besten zum Essen geeignet ist.

Große Unterschiede sind zum Beispiel bei Marillenkonfitüren zu bemerken. Konfitüren aus den ersten grünen und säuerlichen Marillen am Markt können bei weitem nicht den Geschmack von vollreif geernteten Früchten erreichen. Überreifes Obst hat den geschmacklichen Höhepunkt bereits überschritten und sollte nicht mehr für die Konfitürenbereitung verwendet werden.

Gesunde Früchte

Verarbeiten Sie nur gesunde Früchte! Nur aus gesunden Früchten kann man eine entsprechende Konfitüre herstellen. Keinesfalls darf faules oder verschimmeltes Obst zur Verarbeitung gelangen. Außer einem schlechten Geschmack bringen diese Früchte auch eine Unzahl an unerwünschten Mikroorganismen (Hefen, Schimmelpilze oder Bakterien) mit. Fäulniserreger geben Enzyme an die Frucht ab, die diese weich und braun machen. Obwohl diese Enzyme durch das Kochen inaktiviert werden, sorgen sie in den Minuten davor für unerwünschte Farbveränderungen der Früchte.

Saubere Früchte

Verarbeiten Sie nur saubere Früchte! Vor der Verarbeitung sollen Früchte generell gewaschen werden. Das gilt auch für sorgfältig geerntete und nicht nur für zusammengeklaubte Früchte. Aufgeklaubte Früchte sind meist durch Blätter, Gras, Steine oder Erde verunreinigt. Sie sollten vor der Verarbeitung zumindest gewaschen werden. (In 1 ml Erde befinden sich mehr als eine Milliarde Mikroorganismen.) Neben unerwünschten Veränderungen in Geruch und/oder Geschmack durch Mikroorganismen erschweren diese auch die Haltbarmachung. Äpfel, Birnen und Quitten sind robust und unempfindlich. Bei der Reinigung von Stein- und Beerenobst muss man besser aufpassen, um die Frucht nicht zu verletzen und den Fruchtsaft nicht mit dem Waschwasser auszulaugen.

Vor allem Beeren oder Wildfrüchte werden häufig tiefgefroren verarbeitet.
Foto: Georg Innerhofer

Frische Früchte

Verarbeiten Sie nur frische Früchte! „Am besten schmecken die Früchte direkt vom Baum oder Strauch“, diese alte Weisheit kann man auch auf die Verarbeitung der Früchte umlegen. Bei schlecht gelagerten Früchten sind mitunter Geschmackseinbußen festzustellen.

Dank moderner Lagertechnologie, dem ganzjährigen Anbau mancher Obstarten und Pflanzen, dem einfachen und günstigen weltweiten Transport der Früchte und vor allem durch die einfache Möglichkeit des Tiefgefrierens ist es heute möglich, das ganze Jahr über nahezu die gesamte Palette an Früchten zu verarbeiten. Früchte, die schon den halben Erdball bereist haben, erweisen sich aber im Geschmack häufig als den heimischen unterlegen.

Bei manchen Früchten, wie zum Beispiel bei Erdbeeren, ist die Verarbeitung von tiefgefrorenen Früchten sogar für die Farbstabilität förderlich.

DIE E-NUMMER

Seit 1993 gibt es in der EU eine einheitliche Zulassung für Lebensmittelzusatzstoffe. Die meisten der erlaubten Zusatzstoffe haben in fast allen Ländern unterschiedliche Bezeichnungen. Um ein international verständliches System zu schaffen, ordnete man allen Zusatzstoffen eine Nummer zu, die sogenannte E-Nummer. In der Zutatenliste aller im Handel befindlichen Produkte finden Sie entweder die Namen oder die Nummern der zugesetzten Stoffe. Die „E-Nummern“ stehen nicht automatisch für etwas Künstliches, auch völlig natürliche Substanzen, die als Zusatzstoff dienen, haben eine solche Nummer bekommen. Die Einteilung in Gruppen erleichtert die Orientierung: z. B. Gruppe 400 Geliermittel. Pektin wurde die Nummer E 440 zugewiesen. Es darf auch damit in der Zutatenliste deklariert werden.

GELIEREN UND GELIERMITTEL

Der Zusatz von einem Geliermittel hilft, aus Früchten mit zu wenig eigenem Pektin einen Aufstrich in entsprechender Konsistenz herstellen zu können.

Ob cremige Erdbeerkonfitüre, fruchtige Marillenmarmelade oder glänzende Gelees – was alle guten Aufstriche verbindet, ist ihre ideale Gelfestigkeit. Der Schlüssel für diese Konsistenz liegt im richtigen Gelieren. Bei diesem Prozess wird ein mehr oder weniger flüssiger Fruchtbrei mithilfe sogenannter Geliermittel in eine streichfähige Form gebracht.

Je nach gewünschter Textur, verwendeter Frucht und persönlichem Anspruch kommen dabei unterschiedliche Geliermittel zum Einsatz. Ob klassisch mit Pektin, alternativ mit Agar-Agar oder experimentell mit Chiasamen, es existieren mehrere Möglichkeiten dafür. Während erstere Mittel zu einem echten Gelieren führen, quellen Saaten und Mehle auf, binden damit die Flüssigkeit und führen so zu einer Verdickung bzw. einer zähflüssigen Konsistenz.

Der Begriff „Gelieren" hat aber nichts mit der Verwendung von Gelatine zu tun. Gelatine spielt bei der Herstellung von Fruchtaufstrichen keine Rolle, da sie nicht hitzebeständig ist und sich beim Einkochen wieder auflöst. Fruchtaufstriche sollen bei Raumtemperatur gelieren und haltbar bleiben – deshalb ist Gelatine ungeeignet.

Gelieren (Gelstärke)

Beim Gelieren bilden bestimmte Stoffe – sogenannte Geliermittel – ein Netzwerk, das Flüssigkeit einschließt und so eine gelartige Struktur entstehen lässt. Die Moleküle dieser Geliermittel verbinden sich bei Abkühlung oder unter bestimmten Bedingungen (z. B. in Kombination mit Zucker oder Säure) zu einem stabilen Geflecht. Dadurch wird die ursprünglich flüssige Fruchtmasse streichfähig, ohne dabei auszutrocknen.

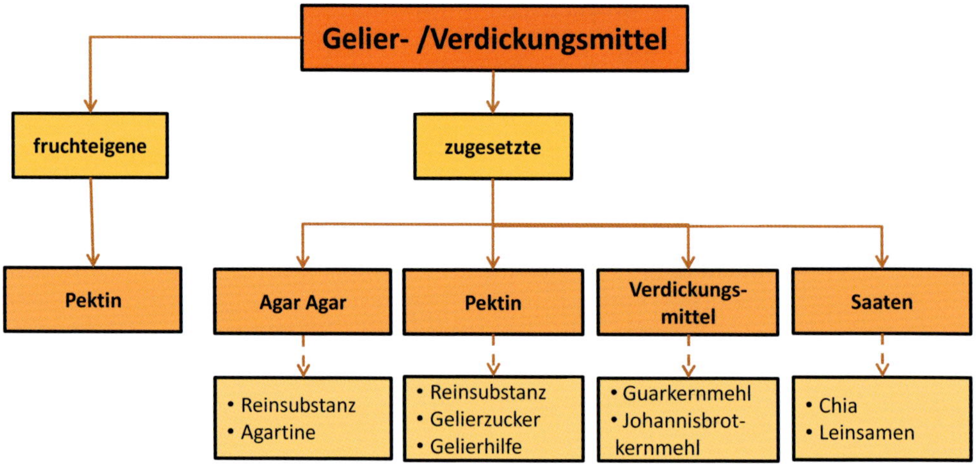

Übersicht über gängige Gelier- und Verdickungsmittel

Grafik: Georg Innerhofer

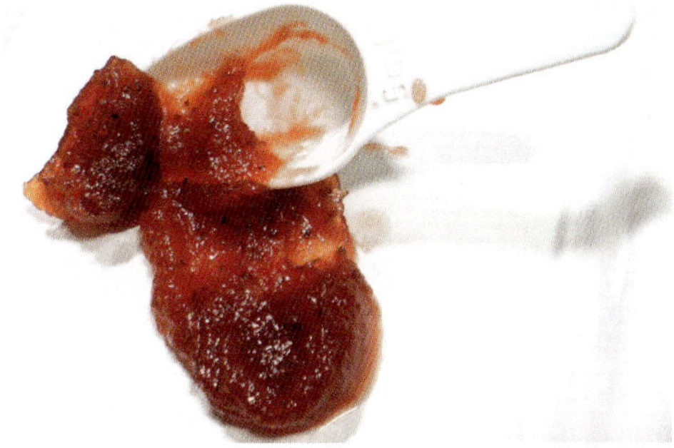

Ideale Gelstärke: ausreichend geliert und cremig streichfähig. Foto: Georg Innerhofer

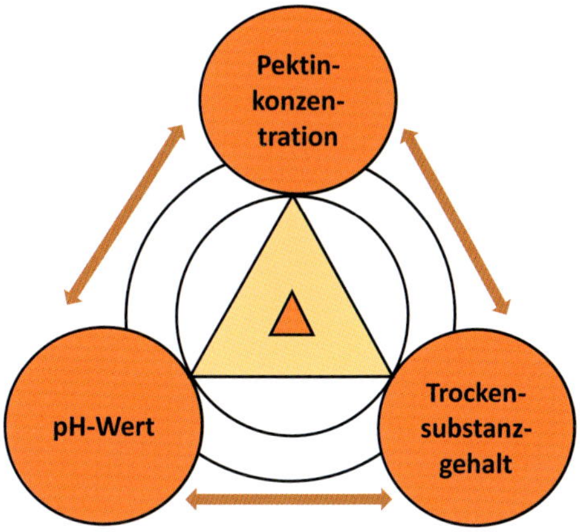

Einflussfaktoren auf die Gelstärke
Grafik: Georg Innerhofer

Die Gelfestigkeit ist ein wichtiger Faktor. Fruchtaufstriche sollten „hinreichend" geliert sein. Der damit gemeinte Bereich kann sein von eher fest, über cremig hin bis zu sehr weich und hängt von folgenden Faktoren ab:

- Geliermittelkonzentration
- Trockensubstanzgehalt
- pH-Wert

Geliermittelkonzentration

Die Festigkeit des entstandenen Gels hängt von der Menge des zugesetzten Geliermittels und des in der Frucht vorhandenen Pektins ab, je mehr, desto fester. Konfitüren aus Johannisbeeren zeigen bei gleicher Rezeptur eine wesentlich festere Konsistenz als zum Beispiel Kirschkonfitüren, da Johannisbeeren mehr Pektin enthalten.

Trockensubstanzgehalt

Der Trockensubstanzgehalt (=Zuckergehalt) ist ebenfalls für den Geliervorgang verantwortlich. Je nach Pektintyp gibt es bestimmte Bereiche, in denen die Gelbildung gut abläuft. Sozusagen gibt es für jeden Trockensubstanzbereich einen eigenen Pektintyp. Das ist auch der Grund, warum Geliermittel, die auf eine Rezeptur 1 : 1 ausgelegt sind (TS etwa 60 %) bei zuckersparender Eichkochvariante (2 : 1 mit TS-Werten um 45 %) erhebliche Schwierigkeiten beim Gelieren zeigen können. Saaten und Mehle zeigen ihre Quellfähigkeit und damit verdickende Wirkung unabhängig vom Zuckergehalt.

pH-Wert

Bei Geliermitteln auf Basis von Pektin oder Agar-Agar hängt die Gelierkraft sehr stark vom Säuregehalt der Fruchtmasse ab. Viele Pektintypen gelieren am besten zwischen pH-Werten von 2,9 und 3,5, während Agar-Agar tendenziell besser bei höheren Werten, also in weniger sauren Zubereitungen, geliert. Bei einigen Früchten ist daher eine Anpassung notwendig, um den perfekten pH-Wert zu erreichen.

Die in Mitteleuropa heimischen Früchte zeigen pH-Werte zwischen 2,8 und 4,1. Sie sind demzufolge alle sauer. Eine Aufstellung über durchschnittliche pH-Werte finden Sie im Anhang. Die meisten Gelierhilfen oder Gelierzucker enthalten bereits die dafür notwendige Menge an Säure.

Das Ziel ist es, aus den Früchten attraktive und wohlschmeckende Aufstriche herzustellen.
Foto: Herbstreith & Fox

Fruchteigenes Pektin

Alle heimischen Früchte enthalten Pektin, das wie ein „Klebstoff" zwischen den Zellen wirkt und die Festigkeit der Frucht unterstützt. Der Pektingehalt ist keine fixe Größe, sondern hängt von der Fruchtart und ihrem Reifegrad ab. Für die Gelierfähigkeit einer Fruchtmasse sind sowohl der Pektingehalt als auch der Säuregehalt (pH-Wert) entscheidend.

Grundsätzlich gilt: Je unreifer und saurer die Früchte sind, desto mehr Pektin enthalten sie.

Allerdings besitzen nur wenige Früchte genug Pektin, um ohne zusätzliches Geliermittel einen festen Aufstrich zu ergeben. Ein wichtiger Punkt beim Herstellen von Konfitüren ohne Geliermittel ist, dass Zucker nicht nur für die Süße und Konservierung sorgt, sondern auch die Gelierung unterstützt, indem er mit dem Pektin reagiert. Ohne ausreichend Zucker wäre die Gelierung schwieriger.

Nur bei wenigen Früchten mit ausreichend hohem Pektingehalt und viel Säure ist kein zusätzliches Geliermittel nötig. Für Obst mit wenig Pektin oder Säure wird ein Geliermittel hinzugefügt, um Konfitüren herzustellen.

Fruchteigene Gelierfähigkeit der beliebtesten heimischen Obstsorten:

- **Niedrig: Pfirsich, Weichsel, Kirsche, Birne**
- **Mittel: Heidelbeere, Marille, Holunder, Himbeere, Erdbeere**
- **Hoch: Apfel, Johannisbeere, Stachelbeere, Quitte**

Bevor es Pektin oder andere Gelierhilfen bzw. -mittel gab, war das lange Einkochen die einzige Methode zur Herstellung von

Konfitüren. Erst mit der Verfügbarkeit von Zucker wurden Früchte mit Zucker vermischt und unter ständigem Rühren gekocht, bis das natürliche Pektin zum Gelieren führte. Durch das Verdampfen von Wasser stieg der Trockensubstanzgehalt so weit an, dass die Masse gelierte. Die Kochzeit variierte je nach Frucht und konnte so lange dauern, dass Farbe und Aroma stark verloren gingen.

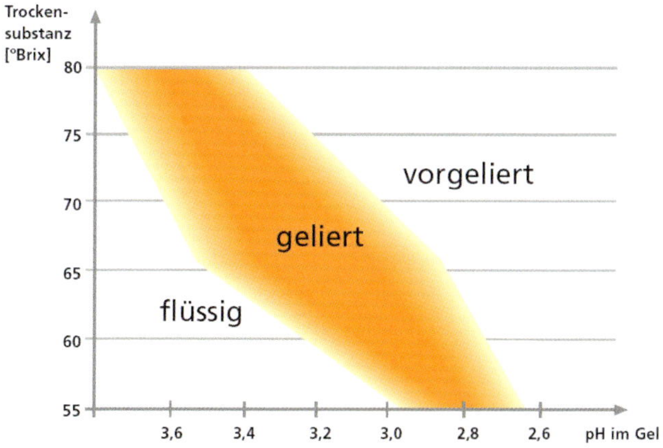

Gelierbereich von fruchteigenen, hochveresterten Pektinen.
Quelle: Herbstreith & Fox

In Österreich ist heute noch Powidl verbreitet, ein Aufstrich, der nach langer Kochzeit weder im Aussehen noch im Aroma an die Zwetschke als Ausgangsfrucht erinnert.

Um das Gelieren zu erleichtern, mischte man pektinarme Früchte mit pektinreichen Sorten oder fügte den Saft saurer Früchte (Zitronen) hinzu, um die Säure zu erhöhen. Dennoch führte das lange Kochen (10–30 Minuten oder mehr) häufig dazu, dass Geschmack, Farbe und wertvolle Inhaltsstoffe beeinträchtigt wurden. Früchte wie Johannisbeeren, Quitten oder Äpfel wurden traditionell bevorzugt verwendet, da sie besonders viel Pektin enthalten und sich daher gut für das Einkochen eignen.

Heute hat das Einkochen ohne Geliermittel kaum noch Bedeutung, da moderne Aufstriche fruchtig schmecken sollen und weder Bräunung noch Karamellnoten enthalten sollten.

Zugesetztes Pektin

Zum schnellen und einfachen Zubereiten von gelierten Produkten im Haushalt gibt es verschiedene Gelierhilfen zu kaufen. Die meisten von ihnen enthalten Pektin, das aus Äpfeln, Zuckerrüben oder Zitrusfrüchten gewonnen wird.

Pektin (E 440) ist ein natürlicher Gelierstoff, der in allen heimischen Früchten vorkommt. Es handelt sich dabei um langkettige Kohlenstoffverbindungen, die in den Zellwänden von Obst und Gemüse enthalten sind. Für Pflanzen erfüllt Pektin eine wichtige Funktion als Gerüstsubstanz. Es bindet Wasser und sorgt so beispielsweise für die feste Konsistenz von Früchten, obwohl diese einen Wassergehalt von bis zu 90 % haben. In der menschlichen Ernährung zählt Pektin zu den Ballaststoffen, da es für den Körper unverdaulich ist.

Gewinnung und Eigenschaften

Pektin kommt als natürliches Gelier- und Stabilisierungsmittel in vielen Lebensmitteln zum Einsatz, insbesondere in Marmeladen, Gelees, Fruchtaufstrichen und Milchprodukten. Es wird hauptsächlich aus den Pressrückständen von Äpfeln und Zitrusfrüchten gewonnen. Dabei wird es zunächst herausgelöst, anschließend getrocknet und

zu einem feinen Pulver gemahlen. Das fertige Pektin hat eine hellgraue bis beige Farbe und enthält etwa 10 % Restfeuchtigkeit.
Der Begriff „Pektin“ selbst umfasst eine ganze Gruppe von Stoffen mit unterschiedlichen Eigenschaften. Jeder Typ hat sein eigenes Anwendungsgebiet, was ihn für verschiedene Rezepte besonders geeignet macht.

Pektintypen im Überblick

Pektinart	Hochverestertes Pektin (HM)	Niederverestertes Pektin (LM)	Amidiertes Pektin (LMA)
Veresterungsgrad	Über 50 %	Unter 50 %	Unter 50 % (teilw. amidiert)
Gelierbedingungen	Erfordert hohen Zuckergehalt und niedrigen pH-Wert	Benötigt Kalziumionen zum Gelieren, weniger abhängig vom Zuckergehalt	Toleriert pH- und Kalziumschwankungen
Besonders geeigent für	Klassische Konfitüren und Gelees mit hohem Zuckeranteil und niedrigem pH-Wert	Zuckerreduzierte oder zuckerfreie Produkte wie Fruchtaufstriche, Milchdesserts oder säurearme Lebensmittel	Kalorienreduzierte Aufstriche, Anwendungen mit wechselnden Fruchtzusammensetzungen, fast ein Universalpektin
Eigenschaften	Bildet ein festes, klares Gel mit elastischer Textur; geliert schnell	Bildet es weiches, geschmeidiges Gel; ist vielseitig einsetzbar	Bildet ein Gel mit stabiler Konsistenz unter unterschiedlichen Bedingungen; vielseitig

Praktische Hinweise zur Verwendung

Pektine eignen sich ideal zum Gelieren von Fruchtaufstrichen. Sie sind natürlichen Ursprungs und sorgen für die typische, hinreichend gelierte Konsistenz. Hobbyköche müssen sich dabei keine Gedanken über den Pektintyp machen. Die handelsüblichen Geliermittel sind bereits optimal abgestimmt und enthalten klare Anleitungen oder erprobte Rezepte auf der Verpackung. Wer diese befolgt, erzielt zuverlässig gute Ergebnisse.

Lagerung und Haltbarkeit

Reines Pektinpulver sollte kühl und trocken gelagert werden, da es bei hohen Temperaturen an Gelierkraft verliert. Unter optimalen Bedingungen bleibt es mehrere Jahre haltbar, verliert jedoch pro Jahr geringfügig an Wirksamkeit. Achten Sie daher darauf, angebrochene Packungen gut verschlossen aufzubewahren.

Reines Pektin

Bei der Verwendung von Pektin als Geliermittel gibt es zwei wichtige Punkte zu beachten:

- Pektin neigt dazu, Klumpen zu bilden.
- In Fruchtmassen mit mehr als 25 % Zucker löst sich Pektin nur schwer auf.

Pektin wird meist als beige-braunes Pulver als reines Pektin oder mit anderen Füllstoffen wie Zuckerarten oder Stärke gemischt verkauft. Beides soll helfen, die Klumpenbildung während der Lagerung und beim Einrühren zu vermeiden. Die Zuckerkristalle wirken hierbei wie ein Trennmittel zwischen den Pektinpartikeln und verhindern ein Verkleben – sogar schon in der Verpackung. Informationen zur Zusammensetzung findet man auf der Zutatenliste oder in der Anwendungsvorschrift des Produkts. Die empfohlene Menge vom Pektin hängt vom jeweiligen Produkt ab und liegen zwischen 5 und 30 g je kg füllfertiger Masse.

Beim Einrühren von pulverförmigem Pektin in gezuckerte Fruchtmassen ist Vorsicht geboten, da es leicht Klumpen bildet. Diese Klumpen sind ähnlich wie Mehlklumpen in Saucen. Sie lösen sich nicht mehr auf, beeinträchtigen die Gelierfähigkeit und können nachträglich kaum entfernt werden. Deshalb ist es wichtig, das Pektin richtig einzubringen.

Um Klumpenbildung zu vermeiden, wird empfohlen, reines Pektin vor der Zugabe mit der fünf- bis zehnfachen Menge Zucker zu vermischen. Dies erleichtert das Auflösen und sorgt dafür, dass der Trockensubstanzgehalt unter 25 % bleibt. Anschließend wird die Fruchtmasse aufgekocht, wodurch sich das Pektin vollständig löst. Erst danach wird der restliche Zucker hinzugefügt. Auf diese Weise sollte das Einrühren problemlos funktionieren.

Empfohlener Vorgang:

- Fruchtmasse leicht erwärmen
- Pektin/Zuckergemisch klumpenfrei einrühren
- Drei Minuten bei mindestens 80 °C halten (Pektin löst sich auf)
- Hauptmenge Zucker einrühren
- Kochen
- Wenn notwendig kurz vor dem Füllen noch Säure zusetzen
- Abfüllen

Gelierhilfen mit Pektin

Die Palette an bereits fertigen Gelierhilfen oder -mischungen ist sehr groß. Prinzipiell unterscheidet man in dieser Gruppe zwischen Gelierhilfe und Gelierzucker. Beide Arten sind in ihrer Anwendung unkompliziert, und wenn man die auf der Packung angeführte Anleitung einhält, auch fast ein Garant für gelungene Produkte. Zusätzlich enthalten viele dieser Geliermittel weitere Hilfsstoffe, wie Zucker, Stärke, gehärtetes Pflanzenfett, Säureregulatoren und Konservierungsmittel.

Zucker dient in den Gelierhilfen nicht zur Süßung, sondern hat eine rein technische Funktion. Er sorgt dafür, dass sich Geliermittel gut dosieren und gleichmäßig in der Fruchtmasse verteilen lassen, ohne dabei zu verklumpen. Besonders bei reinem Pektin wäre das ohne solche Hilfsstoffe schwie-

Gelierzucker unterscheiden sich nach Grundrezept und Zusammensetzung. Foto: Georg Innerhofer

rig. Häufig verwendet werden Dextrose (Traubenzucker), Maltose (Malzzucker), Lactose (Milchzucker) oder getrockneter Glukosesirup. Diese sind nur in sehr geringen Mengen enthalten und daher für den Geschmack der fertigen Marmelade unbedeutend.

Stärke wird häufig in Geliermitteln verwendet, da sie die Partikel voneinander trennt und dadurch die Klumpenbildung beim Einrühren reduziert. Sie sorgt dafür, dass das Pulver gleichmäßig verteilt wird und sich besser in der Fruchtmasse löst. Zudem verbessert Stärke die Konsistenz des Endprodukts, indem sie die Masse stabilisiert und eine gleichmäßige Textur erzeugt. Maltodextrin entsteht beim Stärkeabbau und hat ähnliche Eigenschaften wie sie.

Gehärtetes Pflanzenfett hat eine andere Funktion. Es wird vor allem als sogenannter „Entschäumer" eingesetzt. Beim Kochen von Fruchtaufstrichen neigt die Fruchtmasse manchmal dazu, stark zu schäumen oder überzukochen. Das Fett reduziert diese Schaumbildung und sorgt für eine ruhigere Kochphase. Zusätzlich verhindert es Klumpenbildung in der Verpackung, da es die Pulverpartikel geschmeidig hält und ein Verkleben bereits vor der Verarbeitung verhindert.

Manche Geliermittel enthalten Kalziumzitrat als Säureregulator. Es sorgt dafür, dass die einzelnen Pektine durch Kalziumbrücken miteinander verbunden werden können, was die Gelierung von zuckerreduzierten Aufstrichen ermöglicht.

Konservierungsmittel sind vorwiegend in Gelierhilfen für zuckerreduzierte Produkte enthalten, um das Wachstum von Mikroorganismen wie Schimmelpilzen oder Hefen zu verhindern und so die Haltbarkeit zu verlängern. Bei diesen zuckerarmen Konfitüren ist zu wenig Zucker enthalten, um ausreichend konservierend zu wirken. Konservierungsmittel wie Kaliumsorbat vermeiden vor allem in geöffneten Gläsern das Verderben der Aufstriche.

Beim Einsatz fertiger Gelierhilfen ist es jedoch wichtig, die Packungsanweisung genau zu befolgen, da die Zutaten auf das jeweilige Mischungsverhältnis abgestimmt sind. Abweichungen können zu Problemen wie etwa einer unzureichenden Gelierung oder einer unerwünschten Konsistenz führen.

Gelierzucker

Gelierzucker wurde erstmals 1965 in Deutschland eingeführt und revolutionierte die Herstellung von Marmeladen, Konfitüren und Gelees. Mit seiner Einführung wurde das Einkochen einfacher und die Kochzeiten erheblich verkürzt. Die ersten Gelierzucker waren für ein Mischungsverhältnis von 1 : 1 konzipiert, bei dem gleiche Mengen Zucker und Früchte verwendet werden. Dieses Verhältnis sorgt für eine zuverlässige Gelierung und eine lange Haltbarkeit.

Im Laufe der Zeit wurden neue Varianten entwickelt, um den Wunsch nach weniger süßen Fruchtaufstrichen zu erfüllen. Gelierzucker 2 : 1 (zwei Teile Frucht, ein Teil Zucker) und 3 : 1 (drei Teile Frucht, ein Teil Zucker) ermöglichen zuckersparendes Einmachen. Letztens habe ich auch schon eine Geliermischung für 4 : 1 gesehen.

Da der geringere Zuckergehalt die Haltbarkeit reduziert, enthalten diese Varianten oft Konservierungsstoffe wie Sorbinsäure bzw. Kaliumsorbat. Zusätzlich gibt es spezielle Gelierzuckerarten, wie Einmachzucker für Erdbeeren, der sich nur geringfügig in der Zusammensetzung unterscheidet.

Gelierzucker ist besonders beliebt für die Herstellung kleiner Mengen im Haushalt, da er zuverlässig funktioniert und die Zubereitung erleichtert. Auf der anderen Seite sind Ursachen schwer auszumachen, wenn es zu keinem Gelieren kommt.

Gelierhilfen

Zusammengesetzte Geliermittel auf Pektinbasis sind nahezu überall erhältlich und bieten eine praktische Alternative für die Herstellung von Fruchtaufstrichen. Sie sind speziell für die Grundrezepturen 1 : 1, 2 : 1 und 3 : 1 konzipiert. Diese Produkte enthalten fast immer Pektin als Gelbildner,

Unterschiedlichste Gelierhifen für die unterschiedlichen Fruchtgehalte Foto: Georg Innerhofer

ein Säuerungsmittel (z. B. Zitronensäure) und bei den zuckerreduzierten Varianten (2 : 1 und 3 : 1) häufig auch Konservierungsmittel, um die Haltbarkeit des Endprodukts zu verlängern. Informationen zur genauen Zusammensetzung finden sich im Zutatenverzeichnis auf jeder Packung.

Ein Vorteil dieser Gelierhilfen ist, dass der Zucker beim Einmachen selbst gemäß der Rezeptur hinzugefügt wird. Dabei kann die Art des Süßungsmittels frei gewählt werden, was die Verwendung von Alternativen wie Honig, Fruchtzucker, Xylit oder anderen Süßungsmitteln ermöglicht. Dies macht diese Produkte besonders flexibel und anpassbar an individuelle Vorlieben oder spezielle Ernährungsbedürfnisse.

Gelierhilfen funktionieren gut im vorgegebenen Zuckerbereich. Bei der Verwendung von Süßstoffen wie Aspartam oder ähnlichem bzw. bei einer deutlich zuckerreduzierten Rezeptur als der empfohlenen funktionieren sie nicht.

Agar-Agar

Agar-Agar ist ein pflanzliches Geliermittel, das aus den Zellwänden von Algen gewonnen wird. Dieses natürliche Polysaccharid besteht aus aneinander geketteten Zuckermolekülen, ist nahezu kalorienfrei sowie verdauungsfördernd und entschlackend. Es gilt als geschmacksneutral, wobei beim Anrühren vor dem Zusatz zur Fruchtmasse stelle ich schon ab und zu einen eigentümlichen Geruch fest. Nach dem Kochvorgang im fertigen Aufstrich kann ich das aber nicht wiederfinden. Als Geliermittel wird es vor allem in der „alternativen Küche“ und bei zuckerfreien oder zuckerreduzierten Rezepten geschätzt.

Agar-Agar eignet sich hervorragend für die Herstellung von Marmeladen, Gelees und zuckerreduzierten Fruchtaufstrichen, da sein Gelierverhalten unabhängig vom Zuckergehalt ist. Es geliert erst beim Abkühlen, meist bei etwa 35 °C, und sorgt für eine feste Konsistenz, die stabiler ist als die von pektinbasierten Aufstrichen. Eine wie bei der Verwendung von Pektin durchgeführte Gelierprobe vor dem Füllen ist daher nicht zielführend.

Großen Einfluss auf die Gelierfähigkeit hat der pH-Wert der Fruchtzubereitung. Bei einem pH-Wert unter 3,5 entstehen nur weiche Gele, und unter 3 kommt es zu keinem Gelieren mehr. Daher muss bei sauren Früchten mehr Agar-Agar zugesetzt werden, um die gewünschte Konsistenz zu erreichen.

Da sowohl der Säuregehalt der verwendeten Früchte als auch die Gelierkraft des nicht standardisierbaren Agar-Agar variieren können, sind Vorproben empfehlenswert, um optimale Ergebnisse zu erzielen.

Der Geliermechanismus von Agar-Agar basiert auf der Bildung eines stabilen Netzwerks aus Polysacchariden, das Wasser bindet und eine feste Struktur erzeugt. Für eine optimale Gelierung müssen folgende Faktoren berücksichtigt werden:

- **Dosierung: Agar-Agar muss genau abgemessen werden, da eine Überdosierung zu einer sehr festen, manchmal mehligen Konsistenz führen kann.**
- **Kochzeit: Agar-Agar muss mindestens zwei bis fünf Minuten sprudelnd gekocht werden, damit es vollständig aktiviert wird.**
- **Abkühlung: Die Gelierung erfolgt erst beim Erkalten der Masse. Während des Abkühlens sollte die Marmelade nicht bewegt werden, um die Struktur zu bewahren.**

Reines Agar-Agar

Reines Agar-Agar wird meist in Pulverform angeboten und direkt mit Wasser oder Fruchtsaft angerührt, bevor es zur Fruchtmasse hinzugefügt wird. Etwa drei gestrichene Teelöffel Agar-Agar reichen für 1 kg Früchte. Nach dem Einrühren muss die Masse einige Minuten gekocht werden. Reines Agar-Agar eignet sich besonders für individuelle Rezepte mit alternativen Süßungsmitteln wie Honig, Erythrit oder Fruchtzucker.

Gelierhilfen mit Agar-Agar

Neben reinem Agar-Agar gibt es auch fertige Präparate, die Agar-Agar mit anderen Zutaten wie Stärke, Zucker, Pfleilwurzelmehl oder Säuerungsmitteln kombinieren. Diese Produkte sind speziell darauf abgestimmt, eine einfache Verarbeitung zu gewährleisten und Klumpenbildung zu vermeiden.

Stärke dient als Trennmittel und sorgt für eine gleichmäßige Verteilung des Geliermittels in der Fruchtmasse.

Der Zusatz von Pfeilwurzelmehl sorgt für eine weichere und glattere Textur und kann helfen, die Struktur der Fruchtmasse zu verbessern.

Obwohl Agar-Agar am besten bei höheren pH-Werten geliert, können Säuerungsmittel wie Zitronensäure oder ähnliche enthalten sein, um eventuell beigefügtes Pektin im Geliervorgang zu fördern oder um das Gel bei tieferem pH-Wert weicher zu machen.

In manchen Packungen ist Zucker enthalten, um das Einrühren zu erleichtern und die Konsistenz des Endprodukts zu verbessern.

Kombinierte Produkte sind besonders benutzerfreundlich und eignen sich gut für Anfänger oder schnelle Rezepte. Sie ermöglichen eine zuverlässige Gelierung auch bei Früchten mit niedrigem Säuregehalt und bieten durch ihre aufeinander abgestimmte Formulierung gleichbleibende Ergebnisse.

Agar-Agar ist inzwischen weit verbreitet und in vielen Formen erhältlich. Foto: Georg Innerhofer

Quellfähige Samen

Abseits der traditionellen Wege der Konfitürenherstellung hat in den letzten Jahren der Trend zu eher frisch hergestellten, wenig bis gar nicht gezuckerten und ohne Geliermittel hergestellten, aber dafür ballaststoffreichen Aufstrichen manifestiert. Aufstriche mit Chiasamen oder Leinsamen sind eine moderne Alternative zu klassischen Varianten, da sie nicht nur eine interessante Texturveränderung bieten, sondern auch wertvolle Ballaststoffe, pflanzliches Eiweiß sowie Omega-3-Fettsäuren liefern.

Chiasamen haben eine starke Gelierfähigkeit und sorgen für eine weiche, gleichmäßige Konsistenz, während Leinsamen eine leicht nussige Note mitbringen und eine eher schleimige Textur erzeugen. Chia- und Leinsamen sind nicht nur ballaststoffreich, sondern bieten auch zusätzliche Vorteile wie die Förderung der Verdauung, die Regulierung des Blutzuckerspiegels und eine langanhaltende Sättigung. Beide Samen tragen zur Sättigung bei und quellen auch in nahezu oder gar nicht gezuckerten Aufstrichen.

Chiasamen können problemlos ganz oder auch geschrotet verwendet werden. Sie haben einen hohen Ballaststoffanteil, der für ihre wasserbindende Quellfähigkeit sorgt. Leinsamen hingegen sollten eher geschrotet werden, da sie so schneller und besser quellen und ihre Nährstoffe besser verfügbar sind. Geschrotete Leinsamen neigen jedoch zum raschen Ranzigwerden, weshalb nur kleine Mengen produziert oder frisch verarbeitet werden sollten. Eine Lagerung in einem luftdichten Behälter und im Kühlschrank kann die Haltbarkeit verlängern.

Beide Saaten enthalten Stoffe, die mit Wasser eine gelartige Schicht aufbauen. Wenn man sie zu lange erhitzt, verliert sie allmählich die Fähigkeit, Wasser zu binden.

Wer also länger haltbare Aufstriche mit diesen Saaten herstellen möchte, sollte sie erst am Ende des Kochvorgangs, kurz vor dem Füllen zusetzen. Die beste Wirkung zeigen aber beide in kalt gerührten und nicht erhitzten Zubereitungen. Diese sind allerdings nicht dauerhaft haltbar und sollten stets frisch zubereitet werden.

Flohsamenschalen sind die äußeren Hüllen der Samen der Wegerichpflanzen. Sie enthalten vor allem lösliche Ballaststoffe und Schleimstoffe, die für ihre hohe Quellfähigkeit verantwortlich sind. Flohsamenschalen eigenen sich aufgrund ihrer Gelierfähigkeit ebenso zur Herstellung von Aufstrichen. Sie ermöglichen zuckerfreie Rezepte und erzeugen aber eine leicht schleimige Konsistenz, die nicht jedem Geschmack entspricht.

Was man bei aller Liebe zu frischen Zubereitungen nicht übersehen sollte: Wo kommen die Samen her und unter welchen Bedingungen werden sie angebaut? Von allen hier genannten ist Leinsamen die einzig mögliche heimische Alternative.

Der Vorteil, der mit Samen hergestellten Aufstriche liegt darin, dass sie komplett unabhängig von Zucker und Geliermittel produziert werden können. Je nach Anteil an Samen verändert sich neben der Textur logischerweise auch die Farbe – leuchtend helle Aufstriche sind damit nicht möglich. In dunklen Aufstrichen, wie jenen aus Heidelbeeren, sind die Samen aber nicht einmal zu sehen.

Die Verwendung der Samen macht die Zubereitung ballaststoffreich und sorgt für eine gröbere und nicht tatsächlich gelierte Textur. Manche empfinden diese Aufstriche als schleimig und lehnen sie daher ab.

Die gebräuchslichsten Mehle und Saaten zur Herstellung von kaltgerührten Aufstrichen.
Foto: Georg Innerhofer

Wichtig bei der Kennzeichnung: Unabhängig vom Zuckergehalt und der erreichten Textur ist es ratsam, derartige Produkte als „Fruchtaufstrich" zu vermarkten, da sie aufgrund ihrer Zusammensetzung nicht den gesetzlichen Vorgaben für „Konfitüre" entsprechen könnten.

Quellfähige Mehle

Wer noch weitere Möglichkeiten zur Verdickung von Fruchtzubereitungen sucht, wird bei vermahlenen Saaten fündig. Johannisbrotkernmehl (E 410) und Guarkernmehl (E 412) sind pflanzliche Verdickungs- und Bindemittel, die aus den Samen des Johannisbrotbaums bzw. des Guarstrauchs gewonnen werden und sich auch für die Aufstrichherstellung eignen.

Johannisbrotkernmehl wird aus den Samen der im Mittelmeerraum heimischen Schoten des Johannisbrotbaums hergestellt. Es besitzt eine starke Quellfähigkeit, bindet auch in kalten Zubereitungen und wird vor allem zum Andicken von Saucen, Süßspeisen und kaltgerührten Konfitüren verwendet. Produkte mit Johannisbrotkernmehl sind musartig und nicht geliert, weshalb es sich besonders für Fruchtaufstriche mit pürierten Früchten eignet. Für Fruchtsäfte ist eine größere Menge erforderlich, um die gewünschte Konsistenz zu erreichen. Für optimale Ergebnisse sollte es vor der Zugabe mit anderen Zutaten vermischt werden, um Klumpenbildung zu vermeiden. Es entwickelt seine volle Wirkung erst beim Abkühlen, also nicht gleich nachdosieren. Zum Verdicken einer Fruchtmasse benötigt man etwa 1–2 g/kg davon.

Guarkernmehl wird ähnlich verarbeitet, stammt jedoch aus den Samen des Guarstrauchs, einer Pflanze aus trockenen Regionen wie Indien und Pakistan. Es besteht hauptsächlich aus unverdaulichen Ballaststoffen und verdickt sowohl warme als auch kalte Zubereitungen, ohne zu gelieren. Guarkernmehl erzeugt vor allem in warmen Zubereitungen eine zähflüssige, leicht fädige Konsistenz und eignet sich daher besser für kaltgerührte Fruchtaufstriche. Es ist farb- und geschmacksneutral, wodurch es den Geschmack und die Optik der Früchte nicht verändert. Aufgrund seiner hohen Bindekraft reicht bereits eine kleine Menge aus, weshalb die Dosierung sorgfältig erfolgen sollte. Zum leichten Andicken einer Sauce reichen bereits 1,5 g/kg aus.

Beide Mehle verdicken zwar, bewirken aber eher eine zähe, manchmal Fäden ziehende, mitunter schleimige und keinesfalls gelartige Konsistenz. Sie haben daher keine große Bedeutung.

SÜSSUNGSMITTEL

Der Zusatz eines Süßungsmittels hat Einfluss auf das Gelierverhalten, die Textur und die Haltbarkeit von einem Aufstrich.

Viele unserer alltäglichen Lebensmittel und Getränke enthalten Zucker, da der Mensch von Natur aus eine Vorliebe für Süßes hat und süße Produkte sich gut verkaufen

Konfitüren und ähnliche Produkte gehören ebenfalls zu den süßen Lebensmitteln. Allein schon daraus, wie Konfitüren, Gelees oder Marmeladen definiert sind: „... auf geeignete gelierte Konsistenz gebrachte Mischung aus Zucker/Zuckerarten und Frucht ...“ zeigt, dass Zucker einen wesentlichen Bestandteil der gelierten Fruchtaufstriche darstellt, sogar darstellen muss.

Hier liegt das Problem: Konfitüren mit hohem Zuckergehalt gelten bei vielen als ungesund und als nicht mehr zeitgemäß. Dabei darf man bei all dem Zucker in Konfitüren eines nicht vergessen: Die Dosis macht das Gift. Zucker per se ist nicht problematisch, unser überhöhter Konsum ist es.

Der Zuckerkonsum in Österreich liegt aktuell bei rund 34 kg pro Kopf und Jahr, was nach wie vor ein sehr hoher Wert ist. Allerdings sind Konfitüren im Vergleich zu anderen süßen Lebensmitteln eher geringfügige Zuckerlieferanten. Bei einem durchschnittlichen Jahresverbrauch von etwa 2,5 kg Konfitüre pro Kopf werden lediglich anteilig etwa 1 kg Zucker konsumiert, was auf rund 7 g Marmelade pro Tag hinausläuft. Im Vergleich zu Zuckerquellen wie Süßgetränken, Süßspeisen, Saucen, Snacks, Naschereien, Eiscreme und Frühstückscerealien ist dies ein verschwindend geringer Anteil. Trotzdem ist der Trend hin zu zuckerarmen und

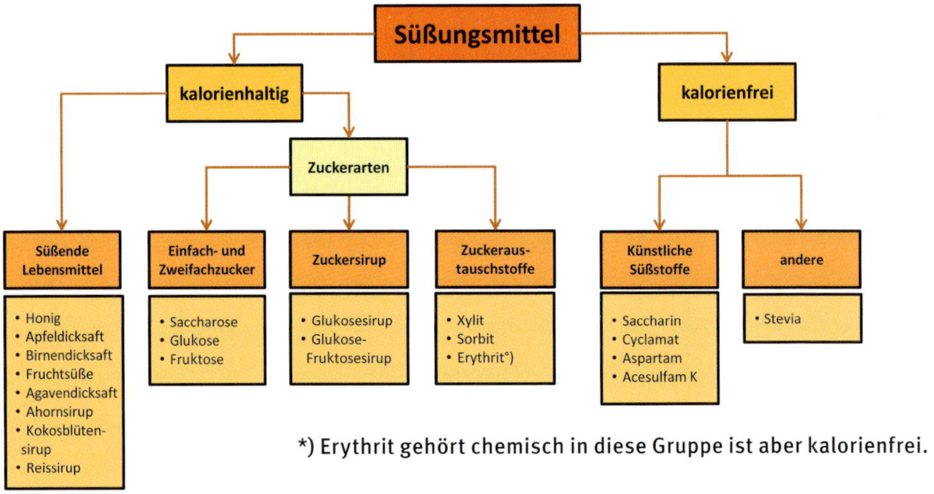

Übersicht über die gängigsten Süßungsmittel Grafik: Georg Innerhofer

sogar zuckerfreien Fruchtaufstrichen zunehmend populär.

Zucker steht auch oft in der Kritik, Karies zu fördern. Doch nicht der Zucker selbst verursacht Karies, sondern Bakterien im Mund. Diese wandeln ihn in Säuren um, die den Zahnschmelz angreifen und ihn damit anfälliger für Schäden machen.

Entscheidend ist nicht nur die Zuckermenge, sondern wie oft und wie lange Zucker konsumiert wird. Wer ständig kleine Mengen nascht, gibt den Zähnen keine Chance zur Regeneration. Regelmäßige Pausen zwischen süßen Mahlzeiten helfen dem Speichel, Säuren zu neutralisieren und den Zahnschmelz zu stärken. Ein Brot mit Konfitüre drauf ist also kein Problem.

In der Konfitürenherstellung spielt Zucker eine zentrale Rolle. Neben der Süße, die er verleiht, beeinflusst er auch die Konsistenz, die Haltbarkeit und die Gelierung der Fruchtaufstriche. Doch nicht jeder Zucker ist gleich – die Auswahl des richtigen Süßungsmittels kann den Geschmack, die Textur und die Qualität der Marmelade maßgeblich verändern. Während traditionell Haushaltszucker verwendet wird, gibt es heutzutage eine Vielzahl an Alternativen: von Sirupen über Zuckeraustauschstoffe bis hin zu natürlichen, weniger verarbeiteten Zuckerarten.

Zucker

In Mittteleuropa ist die Zuckerrübe mit einem Zuckergehalt von rund 20 % der wichtigste Zuckerlieferant. Je nach Verarbeitung lassen sich aus der Rübe verschiedene Arten von Zucker gewinnen, die bei Konfitüren & Co. gern verwendet werden.

Haushaltszucker (Saccharose)

Umgangssprachlich nennt man diese Zuckerart auch gern „Kristallzucker“ oder einfach nur „Zucker“. Dieser Name bezeichnet richtigerweise eine ganze Gruppe von

Nicht alle Zuckerarten passen zu allen Früchten, Vorproben sind sinnvoll. Foto: Georg Innerhofer

Zuckern, weil es verschiedene Zucker in Kristallform gibt. Aber Saccharose ist mit Abstand der wichtigste davon.

Chemisch gesehen ist das ein Zweifachzucker, bestehend aus den beiden Einfachzuckern Fruktose (Fruchtzucker) und Glukose (Traubenzucker). Dieser Zucker ist nach wie vor das wichtigste Süßungsmittel für Konfitüren, beziehungsweise von Lebensmitteln generell.

Zusammenstellung positiver und negativer Eigenschaften von Haushaltszucker

Eigenschaften Saccharose	
Positiv	**Negativ**
ist geruchs- und geschmacksneutral	ist kalorienreich
hat keinen Einfluss auf die Farbe	ist kariesfördernd
ist überall leicht erhältlich	hat einen hohen Einfluss auf den Blutzuckerspiegel
das günstigste Süßungsmittel	ist hochraffiniert

Haushaltzucker aus Zuckerrüben kommt auch in Form von Rohzucker, Kandiszucker und anderen in den Handel. All diese Zuckerformen haben annähernd die gleichen Eigenschaften (sowohl auf Menschen als auch auf Konfitüren) die auch der normale Kristallzucker hat. Lediglich in Farbe und Geschmack unterscheiden sie sich deutlich davon.

Rohzucker ist ein noch nicht vollständig raffinierter Zucker, der bei der Zuckerherstellung aus Zuckerrohr oder Zuckerrüben entsteht. Er enthält noch Melasse, die ihm die leicht braune Farbe und einen leichten Geschmack nach Karamell verleiht.

Brauner Zucker ist im Prinzip weißer Zucker, dem wieder Melasse zugesetzt wird, wodurch er einen intensiveren, karamellartigen Geschmack und eine dunklere Farbe bekommt.

Generell kann man sagen, dass die Zucker je nach Melasseanteil mehr oder weniger stark braun gefärbt sind. Rohrohrzucker, Vollrohrzucker – egal wie sie heißen – , je dunkler sie sind, umso intensiver ist ihr Eigengeschmack und der störende Einfluss auf die leuchtende Farbe einer Konfitüre. Sie werden daher nur bei recht dunklen Fruchtmassen und nach ausgiebigem Probieren zum Süßen verwendet.

Zuckerart	Relative Süßkraft*
Saccharose (Rübenzucker)	1
Fruktose (Fruchtzucker)	1,2
Glukose (Traubenzucker)	0,69

* der Faktor gibt an, um wie viel der entsprechende Stoff süßer schmeckt als Saccharose (hat die Süßkraft 1).

Haushaltszucker ist auch in den meisten Gelierzuckerarten enthalten. Dabei ist er bereits mit Pektin und Zitronensäure vermischt, um die Arbeit beim Einmachen zu verringern. Je nach angestrebtem Zuckergehalt gibt es mehrere Arten von Gelierzucker, auch solche die zuckersparende Varianten ermöglichen. Damit wird Gelierzucker dem Trend nach mehr Frucht und weniger Süße gerecht.

Fruktose

Fruktose ist der wissenschaftliche Begriff für Fruchtzucker kommt sehr häufig in Früchten vor. Bedeutung hat Fruktose vor allem bei Produkten für Diabetiker, da Fruktose insulinunabhängig verstoffwechselt wird. Alle anderen Eigenschaften hinsichtlich Kaloriengehalts, Haltbarkeit, Konsistenz oder Dosierung sind gleich dem Haushaltszucker (Saccharose).

Probleme mit der Fruktose treten auf da relativ viele Menschen eine Fruktoseintoleranz haben und die damit hergestellten Produkte nicht verzehren sollten.

Glukose

Glukose ist der wissenschaftliche Begriff für Traubenzucker, der auch in unterschiedlichen Anteilen in den Früchten vorkommt. Er hat zwar weniger Süßkraft als Saccharose aber einen sehr großen Einfluss auf den Insulinspiegel und wird daher von Diabetikern gemieden. Da er keine deutlichen Vorteile gegenüber dem normalen Haushaltszucker aufweist, wird reiner Traubenzucker so gut wie nie für die Konfitürenherstellung verwendet.

Süßende Lebensmittel

Außer Zucker kann man unterschiedlichste Siruparten bzw. Dicksäfte zur Konfitürenherstellung verwenden. Neben verschiedenen Arten von Honig sind es Ahornsirup, Reissirup, Apfel- oder Birnensirup und viele andere, die ihren Einzug in den Vorratskasten gehalten haben. Sie sind in Reformhäusern, Bio-Läden, Dritte-Welt-Läden beziehungsweise zum Teil auch schon in Supermärkten erhältlich.

Verschiedenste Sirupe als Alternative zum Süßen Foto: Georg Innerhofer

All diese Siruparten haben Zuckergehalte von etwa 80 %. Um die notwendigen 60 % Trockensubstanz für eine vermarktbare Konfitüre zu erreichen, müsste man relativ viel von diesen zusetzen. Notwendig wäre etwa ein Mischungsverhältnis von 1 kg Frucht auf 2,5 kg Honig, erst dann erzielt man 60 % Trockensubstanz. Diese „Zuckersirupe“ haben daher bestenfalls bei „Experimenten“ und bei zuckerreduzierten Aufstrichen Bedeutung.

Honig gibt es in unterschiedlichsten Farben und breiter Geschmacksvielfalt. Foto: Georg Innerhofer

Honig

Honig ist eine gute Alternative zu Kristallzucker bei der Herstellung von Konfitüren, entweder als vollständiger oder teilweiser Ersatz. Da Honig nicht industriell verarbeitet wird, entspricht er den Wünschen von vielen ernährungsbewussten Menschen.

Honig besteht hauptsächlich aus Fruktose und Glukose, was ihn etwas süßer macht als Zucker. Honig besteht nur zu etwa 80 % aus Zucker. Er enthält somit auch rund 20 % Wasser, was seinen Einfluss auf den Trockensubstanzgehalt verringert. Zucker lässt sich also weder von der Süßkraft noch vom Trockensubstanzgehalt her direkt durch Honig ersetzen. Vorproben sind empfehlenswert.

Es gibt verschiedene Honigsorten, die sich nach der Herkunft des Nektars unterscheiden. Die zwei Hauptarten sind Blütenhonig und Waldhonig. Je nach Pflanze, von der der Nektar stammt, variiert auch der Geschmack. Helle Honige sind milder, dunkle Honige wie Kastanien- oder Waldhonig haben einen kräftigeren Geschmack, der in der Konfitüre gut zur Geltung kommen kann. Akazienhonig ist sehr mild und kristallisiert kaum, während Honige wie der Sonnenblumen- oder Kastanienhonig intensiver und auch dunkler sind.

Flüssiger Honig lässt sich leichter in die Fruchtmasse einrühren, während zähflüssiger Honig im Wasserbad bei maximal 45 °C verflüssigt werden kann. Leider gehen beim Kochen viele seiner wertvollen Inhaltsstoffe wie Vitamine und Enzyme verloren.

Honig ist mit etwa 15 €/kg deutlich teurer als Zucker (ca. 1,5 €/kg). Manche mögen den dezenten Honiggeschmack in der Konfitüre, andere nicht. Es empfiehlt sich, verschiedene Honigsorten auszuprobieren, um den gewünschten Geschmack zu erzielen.

Für reinen Honig ist eine Herkunftsangabe gesetzlich vorgeschrieben. Entweder wird das genaue Herkunftsland genannt (z. B. „Herkunft: Österreich") oder bei Mischungen eine allgemeine Angabe wie „Mischung aus EU- und Nicht-EU-Honig". Bei Honig als Zutat in Aufstrichen ist die Herkunftsangabe freiwillig.

Apfel- oder Birnendicksäfte, Fruchtsüße

Wer selbst versucht Apfel- oder Birnensaft einzudicken, um damit Konfitüren zu süßen, wird einen dunklen, karamellartigen Sirup erhalten. Aufgrund des starken Eigengeschmacks und der dunklen Farbe wird so ein Sirup so gut wie nicht für Fruchtaufstriche verwendet.

Eher verbreitet sind großtechnisch eingedickte Säfte. Auch diese Konzentrate aus Apfel oder Birne sind hochfärbig und intensiv im Eigengeschmack und werden daher eher selten verwendet.

Im besonderen Fall der Fruchtsüße werden Aroma-, Farb- und Geschmacksstoffe auch noch abgetrennt, so dass ein sehr heller Sirup mit rund 70 % Zuckeranteil entsteht. Von der Zusammensetzung her weicht die Fruchtsüße nicht weit von den anderen Zuckerarten ab. Wenn man sie einsetzt, hat es aber den Vorteil, dass der Begriff „Zucker" in der Zutatenliste nicht aufscheint, sondern der Begriff „Fruchtsüße".

Andere Siruparten

Derzeit finden sich viele „andere" Siruparten in unseren Supermarktregalen. Viele Konsumenten betrachten sie als weniger schädlich für den Körper als der aus heimischen Zuckerrüben hergestellte Zucker. Ernährungsphysiologisch sind die Unterschiede gelinde gesagt überschaubar. Bei genauerer Betrachtung sind viele Eigenschaften, vor allem aber der Kaloriengehalt ähnlich. Deutliche Unterschiede gibt es aber beim Preis, die süßenden Sirupe sind alle wesentlich teurer als der einfache Kristallzucker.

Aus ökologischer Sicht betrachtet wird es bedenklich, wenn diese von global wirtschaftenden Konzernen in Monokulturen produziert werden und über den halben Erdball transportiert werden müssen.

Kokosblütensirup

Er wird aus dem Nektar der Blüten der Kokospalme gewonnen, was eine ressourcenschonende Methode ist, da keine Bäume gefällt werden müssen. Der Anbau der Kokospalmen kann in tropischen Regionen erfolgen, oft in kleinen Betrieben, was den landwirtschaftlichen Druck auf die Umwelt verringern kann.

Kokosblütensirup enthält vor allem Saccharose (etwa 70–80 %), sowie Fruktose und Glukose in geringeren Anteilen. Der genaue Zuckeranteil variiert je nach Herkunft und Verarbeitungsprozess.

In einigen Regionen kann die massive Nachfrage nach Kokosblütensirup jedoch dazu führen, dass ursprüngliche Waldflächen gerodet und dann intensiv genutzt werden, was die biologische Vielfalt gefährdet und erst wieder multinationalen Konzernen die Tür öffnet.

Agavendicksaft

Er wird aus der Agave gewonnen, einer Pflanze, die wenig Wasser benötigt und in trockenen Regionen wächst, was ihn in wasserarmen Gebieten nachhaltig macht. Agavendicksaft enthält hauptsächlich Fruktose (ca. 70–90 %) und weniger Glukose und Saccharose. Aufgrund des hohen Fruktoseanteils hat Agavendicksaft einen niedrigen glykämischen Index im Vergleich zu Zucker und anderen Süßungsmitteln.Die kommerzielle Agavenproduktion in einigen Ländern, vor allem in Mexiko, kann jedoch zu einem intensiven Anbau führen, der möglicherweise die Böden erschöpft und die lokale Biodiversität gefährdet. Auch gibt es erste Berichte über Wassermangel durch großflächige Agavenplantagen.

Ahornsirup

Er wird aus dem Saft von Ahornbäumen gewonnen, vor allem in Kanada und den nordöstlichen USA, einer Region, in der Ahornbäume seit Jahrhunderten nachhaltig geerntet werden. Die Ernte des Ahornsafts erfolgt ohne das Fällen der Bäume, was diesen Prozess aus ökologischer Sicht nachhaltig macht. Ahornsirup besteht hauptsächlich aus Saccharose (ca. 60–70 %) und enthält auch kleine Mengen an Glukose und Fruktose. Ahornbäume sind wichtig für das Ökosystem und die nachhaltige Ernte fördert den Erhalt der Wälder.

Dattelsirup

Er wird aus Datteln hergestellt, die vor allem in trockenen Gebieten des Nahen Ostens und Nordafrikas wachsen. Dattelpalmen sind gut an heiße, trockene Bedingungen angepasst und benötigen vergleichsweise wenig Wasser im Vergleich zu anderen landwirtschaftlichen Kulturen.

Dattelsirup enthält etwa 70–75 % Zucker, davon einen höheren Anteil an Fruktose und Glukose und nur einen geringen Anteil an Saccharose. Der intensive Anbau in großen Monokulturen könnte potenziell zu Problemen wie Bodenerosion und einem Rückgang der Biodiversität führen.

Reissirup

Er wird aus Reis gewonnen, einer Pflanze, die typischerweise in wasserintensiven Anbauregionen wie Asien wächst. Der Reisanbau verbraucht große Mengen Wasser, was in weniger wasserreichen Regionen problematisch sein kann.

Reissirup besteht größtenteils aus Glukose und Maltose, wobei der Anteil an Fruktose und Saccharose gering ist. Der Sirup hat einen niedrigen glykämischen Index. Der großflächige Reisanbau führt zu erheblichem Wasserverbrauch und kann auch den CO_2-Ausstoß erhöhen.

Zuckeraustauschstoffe

In der Konfitürenherstellung und der heutigen Ernährung allgemein gewinnen kristalline Zuckeraustauschstoffe zunehmend an Bedeutung. Die dafür wichtigsten Stoffe derzeit nennen sich aufgrund ihrer Struktur Zuckeralkohole, haben aber keine berauschende Wirkung. Sie sind vor allem deswegen interessant, weil normaler Zucker in Rezepturen 1 : 1 gegen sie ausgetauscht werden kann.

Zuckeraustauschstoffe bieten eine interessante Alternative zu herkömmlichem Zucker, sowohl für Menschen, die ihre Zuckeraufnahme reduzieren möchten, als auch für Diabetiker oder Personen, die einer kalorienbewussten Diät folgen. Zuckeraustauschstoffe haben einen niedrigeren Kaloriengehalt als Zucker, beeinflussen den Blutzuckerspiegel weniger und verursachen in der Regel keine Kariesbildung. Sie sind daher in vielen modernen Lebensmitteln und Getränken zu finden, einschließlich Konfitüren, Diätprodukten und zuckerfreien Süßigkeiten.

Obwohl sie als gesundheitlich unbedenkliche Süßungsmittel gelten, gibt es Unterschiede in ihrer chemischen Zusammensetzung, ihrem Geschmack und ihrem Abbau im Körper. Jeder Zuckeraustauschstoff bringt spezifische Vor- und Nachteile mit sich, sowohl hinsichtlich der Verträglichkeit als auch in Bezug auf die Anwendung in der Lebensmittelproduktion.

Relative Süßkraft von Zuckeraustauschstoffen

Zuckeraustauschstoff	Relative Süßkraft*
Sorbit (E 420)	0,63
Xylit (E 967)	0,9
Erythrit (E 968)	0,6–0,8

* der Faktor gibt an, um wie viel der entsprechende Stoff süßer schmeckt als Saccharose (hat die Süßkraft 1).

Neben den angeführten Eigenschaften der Zuckeralkohole haben sie aber einen deutlich höheren Preis als die gebräuchlichen Zuckerarten und haben daher bei Menschen ohne besondere Ernährungsformen auch recht wenig Bedeutung.

Sorbit

Sorbit ist ein Zuckeralkohol, der aus natürlichen Quellen wie Obst oder Mais gewonnen werden kann. Es hat etwa 60 % der Süßkraft von Zucker, liefert jedoch nur etwa die Hälfte der Kalorien. Aufgrund seines geringen glykämischen Indexes eignet sich Sorbit gut für Diabetiker, da es den Blutzuckerspiegel kaum beeinflusst. Zudem fördert es Karies nicht, was es zu einer beliebten Wahl für zuckerfreie Kaugummis und Süßwaren macht. Allerdings kann der Konsum größerer Mengen zu Verdauungsproblemen wie Blähungen und Durchfall führen, da es erst im Dickdarm teilweise von Bakterien fermentiert wird.

Erythrit

Erythrit ist ein weiterer Zuckeralkohol, der nahezu kalorienfrei ist und keine signifikanten Auswirkungen auf den Blutzuckerspiegel hat. Dieser Stoff wurde erst vor ca. 40 Jahren als Süßstoff entdeckt und ist seit 2006 in der EU als Süßungsmittel zugelassen. Allerdings darf es nicht zum Süßen von Getränken verwendet werden.

Aufgrund seiner nahezu vollständigen Absorption im Dünndarm hat Erythrit den Vorteil, dass es nur in geringen Mengen im Dickdarm verbleibt und daher kaum Verdauungsprobleme verursacht. Es wird häufig in zuckerfreien oder kalorienreduzierten Produkten verwendet, ist jedoch nicht so süß wie Zucker. Erythrit hat einen geringen glykämischen Index und gilt als sehr gut verträglich, auch bei größeren Mengen.

Xylit

Xylit, auch bekannt als Birkenzucker, ist ein Zuckeralkohol, der in vielen Früchten und Gemüsesorten vorkommt. Es hat nahezu die gleiche Süßkraft wie Zucker, aber etwa 40 % weniger Kalorien. Xylit hat ebenfalls einen geringen glykämischen Index und ist daher für Diabetiker geeignet. Es fördert das Auftreten von Karies nicht, da es von den Mundbakterien nicht fermentiert wird und somit keine Säuren produziert werden, die den Zahnschmelz angreifen. Wie andere Zuckeralkohole kann Xylit jedoch bei übermäßigem Konsum Verdauungsbeschwerden verursachen, da es im Dickdarm teilweise fermentiert wird.

Xylit, Sorbit und Erythrit sind als Zuckeraustauschstoffe in Konfitüren gemäß Konfitüren-Verordnung nicht zugelassen, da sie keine Zuckerarten im Sinne der Verordnung sind. In Fruchtaufstrichen oder Fruchtzubereitungen dürfen sie jedoch verwendet werden– mit korrekter Kennzeichnung und unter Einhaltung der gesetzlich erlaubten Höchstmengen. Dabei gilt:

- **Kennzeichnungspflicht: z. B. „Süßungsmittel: Erythrit (E 968)“**
- **Pflichthinweis: „Kann bei übermäßigem Verzehr abführend wirken.“**

Süßstoffe – Zuckerersatzstoffe

Süßstoffe wie Sucralose, Aspartam oder Acesulfam-K werden in der Herstellung von Fruchtaufstrichen eingesetzt, um den Zuckergehalt zu reduzieren oder eine zuckerfreie Variante anzubieten. In der Regel kommen sie jedoch selten zum Einsatz, da Zucker auch wichtige Funktionen bei der Gelbildung und Haltbarmachung haben. Synthetische Süßstoffe können zudem einen bitteren Nachgeschmack hinterlassen, der den Geschmack der Konfitüre beeinträchtigen kann.

Obwohl diese Süßstoffe eine deutlich höhere Süßkraft besitzen (manche bis zu 13.000-mal stärker als Zucker), haben sie keinen nennenswerten Einfluss auf die Festigkeit oder Textur der eingemachten Früchte. Wenn dann ist die zugesetzte Menge so gering, dass sie den Gesamtzuckergehalt nicht beeinflusst. Die Haltbarkeit von Konfitüren, die nur mit Süßstoffen hergestellt werden, wird daher nur durch Heißfüllung oder chemische Konservierung sichergestellt. Außerdem entsprechen sie möglicherweise nicht den gewohnten Erwartungen an Geschmack und Konsistenz.

Süßstoffe können verwendet werden, um den Zuckeranteil zu reduzieren und die Konfitüre für Menschen mit Diabetes oder solche, die ihre Blutzuckerwerte streng kontrollieren müssen, geeignet zu machen. Sie sind oft kalorienfrei oder kalorienarm, was besonders für Menschen relevant ist, die auf ihre Kalorienzufuhr achten möchten, aber dennoch süße Konfitüren genießen wollen. Süßstoffe können für Menschen mit Fruktoseintoleranz oder anderen Zuckerunverträglichkeiten eine Möglichkeit sein, den Zuckergehalt zu reduzieren, ohne auf Zuckeralkohole oder herkömmlichen Zucker zurückgreifen zu müssen.

Süßstoffe wie Sucralose, Aspartam oder Acesulfam-K dürfen bei Konfitüren nicht zugesetzt werden! Sie können ausschließlich in Fruchtaufstrichen oder Fruchtzubereitungen eingesetzt werden – mit korrekter Kennzeichnung und unter Einhaltung der gesetzlich erlaubten Höchstmengen.

Süßstoffe aus Stevia

Steviosid (E 960) bezeichnet eine süß schmeckende Verbindung, die aus den Blättern der Stevia-Pflanze extrahiert wird, und ist auch der Name für eine ganze Gruppe weiterer Substanzen aus diesen Blättern.

Der Süßstoff aus der Steviapflanze hat eine gewisse Verbreitung gefunden.
Foto: Georg Innerhofer

Die Stevia-Pflanze selbst ist eine mehrjährige Staude, die ursprünglich aus Südamerika stammt, jedoch auch in Mitteleuropa gut gedeiht. Im Wildwuchs erreicht sie eine Höhe von bis zu 60 cm, während kultivierte Pflanzen bis zu 90 cm groß werden können

Das Gemisch aus diesen süßenden Stoffen selbst ist ein feines, weißes bis hellgelbes Pulver, das je nach Zusammensetzung 70- bis 450-mal süßer als Zucker schmeckt und in seiner Erscheinung Staubzucker ähnelt.

Eine Faustregel besagt: Je geringer der Reinheitsgrad, desto weniger süß und desto mehr bitterer Geschmack ist zu erwarten. Produkte mit niedrigem Reinheitsgrad sind preiswerter, haben aber in der Praxis kaum Verwendungsmöglichkeiten.

Vor- und Nachteile von Steviosiden

Positiv	Negativ
natürlich vorkommend	niedrigere Qualitäten schmecken bitter
Süßgeschmack ähnlich dem Zucker	teuer
nahezu kalorienfrei	wenig praktische Erfahrung
diabetikergeeignet	nicht für Konfitüren zugelassen
nicht kariogen	metallischer Nachgeschmack möglich
hitzebeständig	

Obwohl die Eigenschaften von Steviosid theoretisch nahezu perfekt erscheinen, gibt es einige Punkte zu beachten. Es gibt Mischungen der Stevioside in unterschiedlichen Qualitäten. Je besser die Qualität, desto weniger stark tritt der metallische bittere Nachgeschmack hervor. Dieser kann je nach Überdosierung nicht nur als bitter, sondern auch als medizinisch, metallisch oder künstlich empfunden werden. Die besten Ergebnisse erzielt man, wenn man Stevia-Süßstoffe mit Zucker kombiniert. Besonders gut schmeckt es, wenn man etwa 4/5 des benötigten Zuckers ersetzt und einen kleinen Anteil Zucker beibehält.

Steviolglycoside (E 960) sind als Süßungsmittel in klassischen Konfitüren laut EU-Zusatzstoffrecht nicht zugelassen. Für Produkte mit alternativen Süßungsmitteln wie Stevia ist daher die Verkehrsbezeichnung „Fruchtaufstrich" oder „Fruchtzubereitung" zu verwenden mit korrekter Kennzeichnung und unter Einhaltung der gesetzlich erlaubten Höchstmengen. Die Bezeichnung „Konfitüre" ist nicht zulässig.

SÄUERUNGSMITTEL

Der Zusatz von Säuerungsmitteln hat hauptsächlich den Grund, den pH-Wert der Fruchtmasse so weit abzusenken, dass Pektin optimal gelieren kann und in gewissem Maße zur Geschmacksharmonisierung. Alle anderen Gelier- und Verdickungsmittel benötigen dafür keinen tiefen pH-Wert.

Alle in Mitteleuropa heimischen Früchte enthalten organische Säuren – jedoch in sehr unterschiedlicher Menge. So zählen etwa Johannisbeeren zu den besonders säurereichen Obstsorten, während Birnen deutlich weniger Säure enthalten. Neben der Obstart spielen auch Sorte, Jahrgang, Reifegrad, Standort und Witterung eine Rolle für den tatsächlichen Säuregehalt.

Säuregehalt und Säuregrad

Der Säuregehalt wird meist in Gramm pro Liter oder Kilogramm beziehungsweise in Promille (‰) angegeben. Je höher der Zahlenwert, desto mehr Säure ist vorhanden – und desto saurer schmeckt das Produkt in der Regel.

Der Säuregrad hingegen wird über den pH-Wert bestimmt. Je niedriger dieser Wert ist, desto saurer ist die Substanz. Allerdings lässt sich aus dem pH-Wert nicht direkt auf den Geschmack schließen.

pH-Optimum fürs Gelieren

Jedes Geliermittel funktioniert am besten in einem bestimmten pH-Bereich.

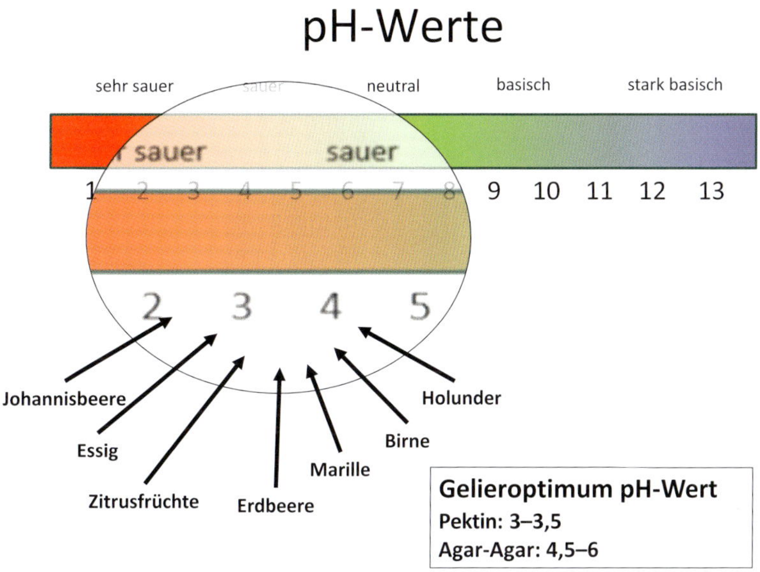

Typische pH-Werte zum Gelieren

Grafik: Georg Innerhofer

Für Pektin liegt dieses Gelieroptimum zwischen pH 3,0 und 3,5. Je nach speziellem Typ vom Pektin kann dieser Wert etwas variieren. Die meisten Früchte liegen von Natur aus über diesem pH-Wert und sind daher nicht sauer genug für eine gute Gelierung mit Pektin. Nur wenige Obstsorten – etwa Rote Johannisbeeren, Rhabarber oder Zitronen – liegen mit ihrem pH-Wert unterhalb dieses Bereichs. Auch hier kann es dennoch zu Problemen kommen, da extrem saure Fruchtmassen das Gelieren ebenfalls beeinträchtigen. Aber das sind Ausnahmen.

In den meisten Fällen muss daher zusätzliche Säure zugegeben werden, um den pH-Wert in den idealen Bereich zu bringen. Eine Übersicht der durchschnittlichen pH-Werte heimischer Früchte ist in Anhang IV zu finden.

Agar-Agar hingegen verhält sich gegensätzlich: Es geliert nur in weniger sauren Umgebungen zuverlässig. Daher wird es bevorzugt in der Dessertküche eingesetzt. Wenn Algenprodukte als Geliermittel verwendet werden, sollte keine zusätzliche Säure zugesetzt werden.

Auswirkung des Säurezusatzes

Der Zusatz von Säure dient mehreren Zwecken, erhöht bzw. verbessert aber die Haltbarkeit eines Aufstrichs nur geringfügig.

Deutliche Auswirkungen von mehr Säure kann man beobachten bei:

- Gelbildung
- pH-Wert
- Geschmack
- Farbe
- Haltbarkeit

Bei säurereichen Früchten treten beim Gelieren kaum Probleme auf. Bei der Verwendung von Pektin ist bei vielen Früchten eine Säurezugabe sogar unbedingt erforderlich.

Apfelpektin ist ein sehr feines beiges Pulver.

Hingegen kommt es bei Früchten wie Kirschen, insbesondere beim Einsatz fertiger Geliermischungen, öfter zu Schwierigkeiten (Gelbildung) bei der Gelierprobe. Ähnlich verhält es sich bei Erdbeeren oder Marillen. Hier bringt der Zusatz von etwas Zitronensäure schließlich den gewünschten Erfolg.

Um ein vorzeitiges Gelieren zu vermeiden, sollte die Säure erst gegen Ende des Kochvorgangs zugegeben werden.

Trockensubstanz und pH-Wert beeinflussen die Gelierfähigkeit von Pektin wechselseitig. Das Diagramm zur Abhängigkeit dieser beiden Faktoren bei Pektinen für hohe Trockensubstanzgehalte (z. B. Einkochverhältnis 1 : 1, über 55 % TS) zeigt diesen Zusammenhang (siehe Seite 43).

Saure Früchte wie Preiselbeeren gelieren mit Zucker allein auch schon gut. Fotos: Georg Innerhofer

Je höher der pH-Wert einer Fruchtmasse, desto höher muss der Zuckergehalt sein, damit sie gelieren kann. Wenig saure Früchte benötigen daher mehr Zucker oder zusätzliche Säure. Liegt der pH-Wert dagegen zu niedrig bei gleichzeitig hohem Trockensubstanzgehalt, kommt es zum Vorgelieren – das Gel beginnt sich bereits während des Kochens auszubilden. Beim Abfüllen wird die Gelstruktur beschädigt, was die angestrebte Konsistenz beeinträchtigt.

Säure beeinflusst nicht nur die Gelierfähigkeit, sondern auch den Geschmack wesentlich. Besonders bei süßen, milden Früchten wie Birnen oder Pfirsichen empfiehlt sich ein gewisser Säurezusatz, um den oft einseitig süßen Geschmack harmonischer zu gestalten.

Mit der Säurezugabe sinkt der pH-Wert. Vor allem rote Farbstoffe sind bei niedrigem pH-Wert länger farbstabil. Das Ansäuern der Fruchtmasse trägt also dazu bei, die Farbe zu stabilisieren. Besonders bei Erdbeeren und Kirschen hilft die Zugabe von Säure, Bräunungsreaktionen während der Lagerung zu vermindern und die frische Farbe zu erhalten.

Obwohl Säure die Farb- und Aromastabilität verbessern kann, hat sie keinen direkten Einfluss auf die Haltbarkeit. Sie kann das Schimmeln oder Gären eines Produkts nicht verhindern.

Eigentliche Säuerungsmittel

Kristalline Säuren

Der effektivste und gebräuchlichste Weg, um den pH-Wert zu senken, ist der Zusatz von reiner Säure in kristalliner Form. Dazu kann man mehrere Säurearten verwenden.

Die wichtigste Genusssäure ist mit Abstand die Zitronensäure. Foto: Georg Innerhofer

Zitronensäure (E 330)

Zitronensäure ist eine kostengünstige und weit verbreitete Genusssäure, die in vielen Lebensmitteln, wie Getränken, Süßwaren und Konfitüren, verwendet wird. Sie wurde schon 1784 von Carl Wilhelm Scheele erstmals aus Zitronensaft isoliert. Heute wird Zitronensäure hauptsächlich biotechnologisch durch Schimmelpilze hergestellt. Die ursprüngliche Methode der Gewinnung aus Zitronen wird kaum noch angewandt, da die biotechnologische Produktion günstiger ist.

Viele Rezepte schreiben die Verwendung von Zitronensäure vor. Wer auf Zitronensäure aus Bedenken ihrer Herstellung oder einer möglichen Auswirkung auf das Nervensystem verzichten möchte, findet jedoch zahlreiche Alternativen.

Äpfelsäure (E 296)

Äpfelsäure ist eine natürlich vorkommende organische Säure, die in vielen Früchten, aber vor allem in Äpfeln, zu finden ist. Der Apfel ist zwar namensgebend, dient aber nicht als Ausgangsstoff für die Gewinnung dieser Säure. Hergestellt wird die Äpfelsäure heute entweder auf chemischem oder biotechnologischem Weg, gleich wie Zitronensäure mit Hilfe von Schimmelpilzen.

Äpfelsäure ist etwas teurer als Zitronensäure und verursacht von den möglichen Säuren den stärksten Säureeindruck. Sie schmeckt zwar fruchtiger ist aber ähnlich hart und spitz wie Zitronensäure und soll daher nur nach Vorproben zugesetzt werden. Äpfelsäure ist vor allem in Obst- und Weinbaugebieten im Fachhandel erhältlich.

Weinsäure (E 334)

Weinsäure, auch bekannt als Weinsteinsäure, ist eine organische Säure, die natürlich vor allem in Trauben vorkommt. Sie wird tatsächlich noch hauptsächlich aus Weinstein gewonnen und stammt nicht aus Schimmelkulturen. Einfacher oder günstiger ist auch hier die synthetische Herstellung.

Im Vergleich zu Äpfel- oder Zitronensäure hat Weinsäure nur eine geringe Bedeutung. Weinsäure ist vor allem in Obst- und Weinbaugebieten im Fachhandel erhältlich.

Milchsäure (E 270)

Milchsäure ist als 50-, 80- oder 90-prozentige Lösung erhältlich. Da ihr Säuregrad geringer ist, muss sie höher dosiert werden als andere Säuren. Ihre praktische Bedeutung ist eher gering.

Saft- oder Saftkonzentrate

Wer auf kristalline Säure verzichten möchte, kann auch Fruchtsaft oder Saftkonzentrat verwenden. Besonders Zitronensaft oder Limettensaft eignen sich gut, da sie von Natur aus sehr sauer sind. Aber Vorsicht: Beide haben ein intensives Aroma und beeinflussen den Geschmack sehr rasch. In einem Liter Zitronensaft sind etwa 50 g Zitronensäure enthalten. Somit haben 20 ml

Zitronensaft etwa die gleiche Säuerungswirkung wie ein Gramm Zitronensäure.

Im Handel sind auch eingedickte Säfte erhältlich, bei denen alle Inhaltsstoffe hoch konzentriert sind. Im Zitronensaftkonzentrat liegt der Säuregehalt bei rund 400–500 g/kg, was bedeutet, dass nur 2 bis 2,5 g davon benötigt werden, um den Säuregehalt um 1 g zu erhöhen.

Alternativen

Bei regional hergestellten Alternativen muss unbedingt der Einfluss aufs Aroma bzw. den Säuregehalt beachtet werden. Möchte man einen ausgewogenen Geschmack in einem Getränk erreichen sind mitunter hohe Gaben dieser Alternativen notwendig, die dann massiv den Geschmack beeinflussen. Die geänderten Mengen müssen in der Rezeptur bedacht werden.

Verjus

Verjus ist ein vielseitiges Produkt, das aus unreifen Trauben hergestellt wird. Es handelt sich um einen Saft, der aus weißen oder roten Trauben gewonnen wird, die kurz vor der eigentlichen Reife geerntet und gepresst werden. Nach dem Pressen wird der Saft gefiltert, um einen klaren Saft mit hohem Säuregehalt zu erhalten. Je nach dem Erntezeitpunkt der Trauben und Sorte variiert der Säuregehalt im Verjus zwischen 15 und 25 g/l Säure. Also um 1 g kristalline Säure zu ersetzen sind schon rund 50 ml davon notwendig. Verjus verringert den Anteil der eigentlichen Frucht und bringt zusätzlich eigene Aromen mit ein.

Essig

Als uraltes saures Würz- und Säuerungsmittel ist natürlich auch Essig anzuführen. Im Essig liegt der Säuregehalt bei mindestens 50 g/l im Apfelessig und bei 60 g/l im Weinessig. So benötigt man in einem zum Ersetzen von 1 g einer kristallinen Säure 20 ml Apfelessig. Je stärker der verwendete Essig, umso weniger muss man zusetzen.

Im Geschmack ist die Essigsäure aber immer neben den Fruchtaromen deutlich wahrnehmbar. Bei der Verwendung von Essig als Säureersatz sind daher unbedingt Vorproben notwendig, um keine saure Überraschung zu erleben.

KONSERVIERUNGSMITTEL

Der Zusatz eines Konservierungsmittels dient ausschließlich der verbesserten Haltbarkeit von Konfitüre & Co.

Konservierungsmittel sind Stoffe, die die Haltbarkeit von Lebensmitteln verlängern, indem sie das Wachstum Mikroorganismen wie Hefen, Bakterien und Schimmelpilzen hemmen. Sie schützen Lebensmittel direkt vor Mikroorganismen, indem sie wichtige Stoffwechselvorgänge in den Zellwänden der Keime blockieren.

Bei klassisch 1 : 1 eingekochten Produkten ist der Zusatz von Konservierungsmitteln nicht gestattet und in der Regel nicht notwendig. Ihre Haltbarkeit wird durch den hohen Zuckeranteil, also den erhöhten Trockensubstanzgehalt, sowie durch die Heißfüllung gewährleistet. Bei zuckerreduziert eingekochten Konfitüren dürfen Konservierungsmittel unter entsprechender Kennzeichnung zugesetzt werden. Als „zuckerreduziert“ gilt dabei ein Einkochverhältnis von 2 : 1 oder weniger Zucker, was

Manchmal wird mit Einsiedehilfen unabsichtlich chemisch konserviert. Foto: Georg Innerhofer

Kaliumsorbat löst sich als Salz der Sorbinsäure leichter in der Fruchtmasse auf.
Foto: Georg Innerhofer

zu einem Gesamtzuckergehalt von weniger als 45 % führt.

In der Praxis reichen jedoch normalerweise die allgemeinen Konservierungsmethoden wie Erhitzen oder der Zuckerzusatz aus, um Konfitüren dauerhaft haltbar zu machen. Erst wenn diese Methoden nicht ausreichen, um die Haltbarkeit zu garantieren, kann der Zusatz von Konservierungsmitteln sinnvoll sein.

Mit Ausnahme von Bio-Produkten enthalten die meisten Gelierhilfen für zuckerreduzierte Konfitüren bereits einen Anteil an Konservierungsmitteln, um den Verderb im Glas zu verhindern.

Als reine Konservierungsstoffe oder in Verbindung mit einem Geliermittel kommen Sorbinsäure oder ihr besser wasserlösliches Salz Kaliumsorbat zum Einsatz. Beide hemmen das Wachstum von Schimmelpilzen und Hefen, wodurch sie die Haltbarkeit von Lebensmitteln deutlich verlängern. Alternativ wird manchmal Benzoesäure verwendet, die jedoch den Nachteil hat, dass sie im menschlichen Körper schwerer abgebaut wird als Sorbinsäure.

Die benötigten Mengen sind äußerst gering – meist zwischen 0,05 % und 0,1 % –, da Konservierungsmittel bereits in minimalen Konzentrationen wirksam sind. Diese Dosierung reicht aus, um Mikroorganismen zu hemmen, ohne die Produkteigenschaften nennenswert zu beeinträchtigen.

Sie können jedoch die gute Herstellungspraxis nicht ersetzen. Das bedeutet, dass trotz des Einsatzes von Konservierungsmitteln das genaue Sortieren der Früchte und das Einhalten der Hygienemaßnahmen weiterhin unerlässlich sind.

Rechtlich ist der Einsatz von Konservierungsmitteln in Lebensmitteln streng reguliert. Sie müssen klar gekennzeichnet werden, und ihre Verwendung ist nur in bestimmten Produktkategorien erlaubt, wie zum Beispiel bei zuckerreduzierten Marmeladen. In der EU sind Konservierungsmittel in der Verordnung (EG) Nr. 1333/2008 über Lebensmittelzusatzstoffe geregelt, und ihre Verwendung unterliegt klaren Grenzwerten und Kennzeichnungspflichten.

GESCHMACKSABRUNDUNG

Der Zusatz von Gewürzen oder alkoholischen Lösungen zur Geschmacksabrundung soll das Aroma verfeinern, soll aber nie die Fruchtaromen in den Hintergrund drängen.

Wie der Titel dieses Kapitels bereits andeutet, lässt sich der Geschmack, der durch Frucht, Zucker und Säure entsteht, noch weiter abrunden. Gewürze und alkoholische Zusätze bieten sich hierfür besonders an. Ich verwende bevorzugt Zimt, Nelken, Vanille, Ingwer (für eine dezente Schärfe), Koriander oder Kardamom. In der Konfitürenküche unterscheidet sich dieser Bereich kaum von der klassischen. Verlassen Sie sich auf Ihr Gespür, was am besten zu welcher Frucht passt – probieren Sie es einfach aus! Grundsätzlich ist hier nichts verboten, alles ist erlaubt.

Beim bekannten „Schuss" erfolgt der Zusatz von einem Schluck (etwa 2 cl/kg) Hochprozentigem kurz vor dem Füllen. Vieles davon verdampft sofort und die verbleibende Menge Alkohol ist etwa im Bereich von alkoholfreiem Bier und ist somit unbedenklich (Weingelee ausgenommen). Eine Angabe, dass Alkohol zugesetzt wurde, hat aber in der Zutatenliste zu erfolgen. Im Falle einer komplett alkoholfreien Diät muss man darauf hingewiesen werden.

Achten Sie darauf, dass weder der Alkohol noch das Gewürz zu dominant werden. Diese Zutaten sollten den Geschmack unterstützen, nicht überdecken. Beginnen Sie daher mit kleinen Mengen und schmecken Sie regelmäßig ab. Alkohol wie Likör, Wein oder Brände wird immer erst kurz vor dem Abfüllen zugesetzt, da sonst die feinen Aromen verloren gehen können. Bei der Herstellung von Gelees verwendet man entweder ausschließlich flüssige Geschmacksgeber oder entfernt feste Zutaten kurz vor dem Abfüllen aus der Fruchtmasse.

**Ein wichtiger Grundsatz dabei:
Weniger ist oft mehr!**

EIGENTLICHE KONFITÜRENHERSTELLUNG

GLÄSER VORBEREITEN

Konfitürengläser können in der Regel mehrfach verwendet werden. Die heute üblichen Gläser sind stabil genug, um auch bei häufigerem Gebrauch nicht zu zerspringen. Da Gläser bei gekauften von Konfitüren meist nicht zum Hersteller zurückkommen, ist die Wiederverwendung vor allem im privaten Umfeld relevant.

Vor der erneuten Nutzung müssen die gebrauchten Gläser gründlich gereinigt werden. Eingetrocknete Konfitürenreste lassen sich nur schwer entfernen, daher empfiehlt es sich, Gläser und Deckel unmittelbar nach dem Entleeren im Geschirrspüler zu reinigen. Zur Lagerung sollten sie offen und in einem geruchsneutralen Raum aufbewahrt

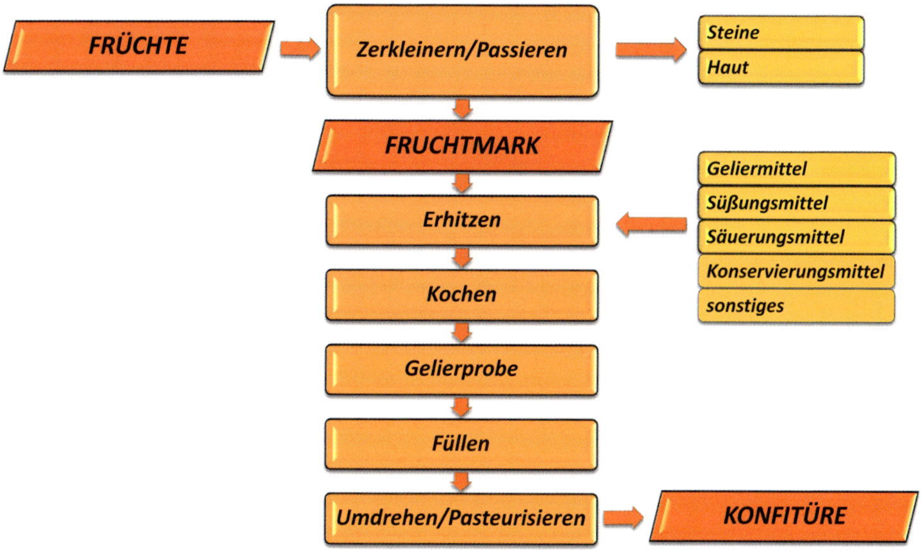

Die Schritte zur selbst gemachten Konfitüre

Grafik: Georg Innerhofer

Foto: freepik/freepik

werden, um unangenehme Gerüche zu vermeiden. Sowohl neue als auch gebrauchte Gläser sollten vor dem Befüllen ausgespült werden, da sich trotz sauberer Lagerung Staub, Glaspartikel oder kleine Insekten darin befinden könnten.

Bevor mit dem Einkochen begonnen wird, sollten die Gläser mit heißem Wasser und bei Bedarf mit Spülmittel gereinigt werden. Dabei ist darauf zu achten, dass keine Spülmittelrückstände im Glas verbleiben. Anschließend stellt man die Gläser kopfüber ab, um eine erneute Verunreinigung zu vermeiden. Ein Abtrocknen mit Tüchern ist nicht notwendig, da dabei Fussel ins Glas gelangen könnten.

Wer die Konfitüre heiß (mindestens 80 °C) abfüllt, muss die Gläser nicht zusätzlich sterilisieren. Maßnahmen wie Auskochen,

Saubere Gläser müssen nicht sterilisiert werden.
Foto: pixabay/AndreasGoellner

Erhitzen im Backofen oder Spülen mit Alkohol sind daher überflüssig.

Wichtig ist lediglich, dass die Gläser sauber sind. Da das Abfüllen zügig erfolgen sollte, empfiehlt es sich, alle vorbereiteten Gläser griffbereit zu haben.

FRÜCHTE VORBEREITEN

Die Reihenfolge beim Vorbereiten der Früchte ist nahezu überall die gleiche:
- **aussortieren**
- **reinigen**
- **zerkleinern**

Beim Kernobst sind nicht ganz einwandfreie Stellen der Frucht zu entfernen. Meistens wird die Frucht geviertelt, das Kerngehäuse entfernt und anschließend noch weiter zerkleinert.

Steinobst muss vor dem Verarbeiten ebenfalls genau verlesen werden. Unsaubere Stellen schneidet man bei größeren Früchten (Pfirsiche oder Marillen) aus. Zeigen einzelne Früchte von kleinen Steinobstarten (Süßkirschen oder Weichseln) Mängel, so verwirft man die ganze Frucht. Anschließend werden die ausgewählten Früchte entstielt, entkernt (manchmal auch geschält) und - wenn nötig - zerkleinert.

Steinobst, wie hier gelbe Zwetschken, muss man vor dem Einkochen entkernen.
Foto: Georg Innerhofer

Nach dem Entsteinen am Einfachsten mit einem scharfen Messer weiter zerkleinern.

Vor allem Früchte mit Bodenkontakt müssen gewaschen werden. Foto: freepik

Beeren wie Holunder oder Johannisbeere händisch von den Stielen zu trennen, ist langwierig.

Sanddornbeeren kann man nur abzupfen, wenn sie gefroren sind. Fotos: Georg Innerhofer

Bei den Beeren ist nach dem Aussortieren ein Waschen - wenn überhaupt - sehr vorsichtig durchzuführen, damit die Früchte nicht zerstört werden. Am besten ist es, empfindliche Früchte (z. B. Himbeeren) nur vorsichtig abzubrausen oder mit einem Sieb ins Wasser zu tauchen. Dabei werden sie nicht unbedingt viel sauberer, aber versteckte Insekten kommen noch hervor und können entfernt werden.

Bei manchen Beerenobstarten (Holunder, Johannisbeeren oder Vogelbeeren) müssen die Beeren vor der Verarbeitung von den Stielen gezupft entfernt werden. Da sich diese Arbeit als ziemlich langwierig gestaltet, entsafte ich diese lieber und stelle ein Gelee daraus her, bzw. mische ich den Saft mit den Fruchtstücken einer anderen Obstart.

Beim händischen Zerkleinern der Früchte ist darauf zu achten, dass die Fruchtstücke

Mangelhafte Stellen der Früchte als erstes ausschneiden. Foto: pixabay/tomekwalecki

ziemlich gleich groß werden. Verwendet man zum weiteren Zerkleinern eine Küchenmaschine oder einen Mixstab erübrigt sich das. Mit dem Pürier- bzw. Mixstab bringt man relativ viel Luft in die Fruchtmasse hinein. Setzen Sie ihn daher nicht zu lange ein, die Masse schäumt dann bei Kochen umso mehr.

Im größeren Betrieb kann nicht mehr jeder Arbeitsschritt von Hand erfolgen. Dort ersetzen Obstmühlen und Entsteinungs- bzw. Passiermaschinen Messer, Schäler und „Flotte Lotte". Je nach Fruchtart variiert die Ausbeute beim Verarbeiten, typische Anteile an nicht verarbeitbaren Fruchtanteilen sind in der Tabelle dargestellt.

Übersicht über den Prozentsatz an nicht verarbeitbaren Fruchtanteilen gängiger Obstsorten

Obstart	nicht verarbeitbarer Anteil
Apfel	5 %
Birne	5 %
Quitte	7 %
Erdbeere	10 %
Johannisbeere	10 %
Weintraube	10 %
Kirsche	15 %
Pfirsich	20–25 %
Marille	20 %
Zwetschke	15 %

FRUCHTMASSE EINKOCHEN

Wiegen Sie die vorbereiteten Früchte oder das Fruchtmark ab und vermengen Sie diese anschließend mit Zucker und Geliermittel gemäß Rezept. Hinweise zur besonderen Verarbeitung je nach Geliermittel finden Sie in den jeweiligen Grundrezepten.

Ziehenlassen – sinnvoll oder nicht?

Oft wird empfohlen, die abgewogenen, grob zerkleinerten oder unzerkleinerten Früchte vor dem Kochen mit dem Zucker zu vermengen und für einige Stunden an einem kühlen Ort ziehen zu lassen. Der Zweck dieser Methode ist, den Zucker gleichmäßig zu verteilen und zu verhindern, dass große Fruchtstücke von sauren Früchten unzureichend gesüßt bleiben, was Geschmack und Haltbarkeit beeinträchtigen könnte.

In der Praxis ist dieses Vorgehen jedoch meist nicht erforderlich. Die Früchte zerfallen während der üblichen Kochzeit von mindestens vier Minuten fast vollständig und nehmen den Zucker problemlos auf. Zudem kann das längere Stehenlassen zu leichten Aromaverlusten oder zu Bräunung durch Oxidation führen. Daher ziehe ich es vor, die Früchte möglichst rasch weiterzuverarbeiten und nicht vorab mit Zucker zu vermischen.

Wer den Unterschied selbst prüfen möchte, kann ganz einfach einen Vergleich machen. Eine Hälfte der Früchte sofort einkochen, die andere Hälfte mit Zucker vermengen, einige Stunden oder über Nacht ziehen lassen und dann erst einkochen. Nach wenigen Tagen kann man dann verkosten und eventuell Unterschiede feststellen.

Einkochen – praktische Hinweise

Topfauswahl

Verwenden Sie einen möglichst großen Topf aus Edelstahl. Niedrige oder zu kleine Töpfe erhöhen das Risiko des Überschäumens und Spritzens. Achten Sie darauf, die Fruchtmasse nicht zu hoch einzufüllen – je höher die Füllmenge, desto stärker das Blubbern und Spritzen beim Kochen.

Breite Töpfe sind besonders geeignet, da sie eine größere Verdunstungsfläche bieten und sich die Masse leichter rühren lässt. Durch den hohen Zuckergehalt erreicht die Masse beim Kochen Temperaturen von bis zu 105 °C – Spritzer können daher schmerzhafte Verbrennungen verursachen.

Spezielle Konfitürenkochkessel verfügen meistens über einen Doppelmantel der ein Anbrennen der Fruchtmasse sicher verhindert und eine automatische Rührvorrichtung, die ein gutes Durchmischen der Zutaten garantiert.

Rühren und Kochzeit

Da Konfitüren in der Regel ohne zusätzliche Flüssigkeit hergestellt werden, ist während des Erhitzens und Kochens ständiges Rühren erforderlich, um die Masse einheitlich zu halten und um ein Anbrennen zu verhindern. Sobald die Fruchtmasse sprudelnd kocht, beginnt die im Rezept angegebene Kochzeit.

Gefrorene Beeren können Sie entweder zuerst auftauen lassen oder direkt in den Kochtopf geben. Fotos: Georg Innerhofer

Bei Bedarf nach dem ersten Erhitzen Auspassieren von Kernen mit der Flotten Lotte.

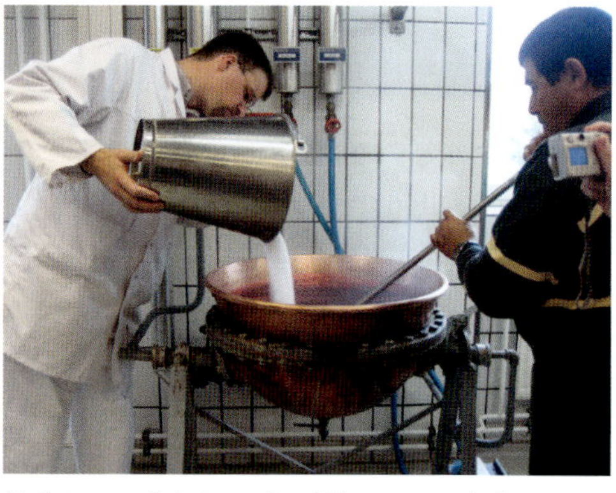

Meistens erfolgt wenige Minuten nach den Geliermitteln der Zuckerzusatz.

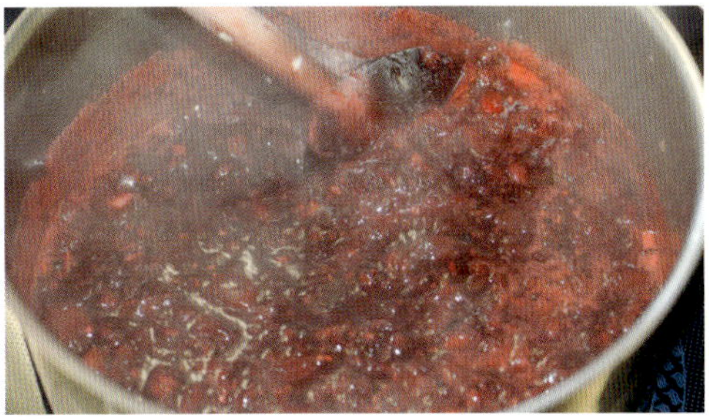

Entsprechende Kochzeiten wegen Pektinaktivierung und Haltbarkeit einhalten.
Foto: Georg Innerhofer

Kochmengen und Abfüllen

In der Praxis wird meist in kleinen Chargen gearbeitet – begrenzt durch die Topfgröße und vor allem die Möglichkeiten beim Abfüllen. Wer mit Schöpflöffel und Trichter arbeitet, kann nur begrenzte Mengen effizient verarbeiten. In mittelgroßen Betrieben kommen bereits Kochkessel mit bis zu 50 Litern Inhalt zum Einsatz, die dann nicht mehr händisch, sondern mit geeigneten Geräten abgefüllt werden.

AROMA VEREDELN

Der Zusatz von Gewürzen oder Hochprozentigem soll das Aroma der Aufstriche noch etwas verfeinern. Besonders häufig geschieht noch immer ein Zusatz von Inländer-Rum, der sehr intensiv ist und daher das eigentliche Fruchtaroma rasch übertönt. Alkoholische Essenzen und Gewürze sollten den Fruchtgeschmack lediglich unterstützen, ihn aber keinesfalls überdecken.

Die Aromen von flüssigen „Verfeinerungen“ sind flüchtig, sie können verdampfen. Mischt man sie zu früh in die Fruchtmasse, sind sie nach der Kochzeit wieder aus dem Topf verschwunden. Der Zusatz von Obstbränden oder -geisten erfolgt daher erst am Ende der Kochzeit. Ein Stamperl vom Hochprozentigen, in die noch siedend heiße Masse eingerührt, verliert den Großteil von Alkohol durch Verdampfen. Sie brauchen bei dieser Art von „Schuss“ keine Angst vor alkoholhältigen und nicht kindergeeigneten Konfitüren haben. Anders sieht das bei Weingelee aus, hier kann noch Alkohol in nennenswerten Mengen enthalten sein.

Gewürze zum Verfeinern können bereits am Beginn des Kochens zugesetzt werden. Gewürzstücke (zum Beispiel Zimtstangen) werden gegen Ende der Kochzeit aus der Fruchtmasse entfernt.

GELIERPROBE DURCHFÜHREN

Um festzustellen, ob die Konfitüre oder das Gelee die gewünschte Konsistenz erreicht hat, führt man eine sogenannte Gelierprobe durch. Dazu gibt man einige Tropfen der noch kochend heißen Masse auf einen kalten Teller, idealerweise wurde dieser zuvor im Kühlschrank vorgekühlt, um den Vorgang zu beschleunigen. Ist die Gelierung gelungen, kann das Einfüllen in Gläser beginnen.

Besonders bei der Verwendung von Pektin als Geliermittel empfiehlt sich diese Probe am Ende der angegebenen Kochzeit, bevor das Produkt abgefüllt wird. Wird hingegen Agar-Agar verwendet, ist eine Gelierprobe wenig sinnvoll, da dieses Geliermittel erst beim vollständigen Auskühlen fest wird. In diesem Fall sollte die Masse ohne vorherige Probe direkt abgefüllt werden.

Gelierproben mit Pektin:
- gelingt die Probe – abfüllen,
- andernfalls weiterkochen, ev. Säure zusetzen oder mehr Pektin einrühren

Mit Agar-Agar:
- ohne Probe füllen

Mit etwas Übung erkennt man schon an der Konsistenz der Fruchtmasse am Kochlöffel, ob die Masse geliert oder nicht. Bildet sich am Kochlöffel über der Fruchtmasse sehr schnell eine Haut, ist das ein Zeichen für gutes Gelieren.

Gelingt die Gelierprobe nicht, also werden die Tropfen am Teller nicht fest, so muss noch weitergekocht werden. Durch das Abdampfen von Wasser steigt der Trockensubstanzgehalt an, und Pektin geliert leichter. Bei wenig sauren Früchten und Pektin als Geliermittel (Gelierzucker) können Sie durch Zusatz von Säure (Zitronensäure) versuchen, die Masse zum Gelieren zu bringen. Führt keine von diesen beiden Maßnahmen zum Erfolg, muss man noch etwas Geliermittel nachdosieren.

Pektin gilt zwar als hitzeverträglich, jedoch führen längere hohe Temperaturen zu einem langsamen Abbau und Gelierkraftverlust des Pektins. Ein niedriger pH-Wert (sehr saure Früchte) beschleunigt diese Erscheinung. Wird die Masse zu lange gekocht, kann ein Verlust an Gelierkraft eintreten. Durch langes Kochen verändert man aber auch viele Geruchs- und Geschmacksstoffe. Veränderte Farbstoffe und karamellisierter Zucker färben die Konfitüre nach so langer Kochzeit dunkel.

Gelierprobe vor dem Füllen auf einem gekühlten Teller. Foto: Georg Innerhofer

SCHAUMBILDUNG

Ein allfällig im Topf entstehender Schaum besteht aus Proteinen, die beim Kochen aufsteigen. Er ist gesundheitlich unbedenklich, schaut aber nicht schön aus, wenn er im Glas aufsteigt und an der Oberfläche vom Aufstrich bleibt. Für mich ist es bis heute nicht ganz klar, warum manche Fruchtmassen extrem stark aufschäumen und andere weniger.

Um die Schaumbildung beim Kochen von Marmeladen oder Konfitüren zu verringern, gibt es einige einfache Tricks.

- Ein paar Tropfen von einem geschmacksneutralen Speiseöl verringern die Oberflächenspannung. Das Öl sorgt dafür, dass sich der Schaum gar nicht erst in großen Mengen bildet.
- Auch regelmäßiges Umrühren während des Kochvorgangs hilft, die Schaumbildung zu minimieren.
- Zudem empfiehlt es sich, die Masse nicht zu stark sprudelnd, sondern eher sanft zu kochen, da eine zu hohe Temperatur die Schaumbildung begünstigt.
- Häufig schäumt die Masse nach langem und intensivem Einsatz eines Pürierstabes intensiver.
- In der industriellen Produktion gibt es spezielle Antischaummittel, z. B. Dimethylpolysiloxan (E 900), ein Antischaummittel auf Silikonbasis. Für Direktvermarkter oder den Hausgebrauch sind sie absolut unüblich.

So viel Schaum sollte man vor dem Füllen abschöpfen Foto: pixabay

Sollte sich dennoch Schaum bilden, ist es das Beste, wenn man ihn am Ende des Kochens einfach mit einem Schaumlöffel oder einem Schöpfer abschöpft.

HEISS ABFÜLLEN

Beim Abfüllen gilt:

- möglichst heiß
- möglichst rasch
- möglichst gleich voll

Unmittelbar nach der gelungenen Gelierprobe muss die heiße Masse in die vorbereiteten Gläser abgefüllt werden. Eine alte Empfehlung besagt, dass man diese vor dem Füllen heiß auswaschen und auf ein feuchtes Geschirrtuch stellen soll, damit sie durch den großen Temperaturunterschied nicht springen. Ich mache beides nicht. Bis jetzt ist bei mir auch ohne heißem Auswaschen und ohne feuchtem Geschirrtuch darunter noch nie ein Glas beim Füllen gesprungen. Neuartige Einkochgläser sind an sich so robust, dass sie Temperaturspannungen schadlos überstehen.

Beim Füllen sollte man das Glas so gut wie möglich füllen. Außen nicht zu verunreinigen, dort verklebt der Zucker und es schaut nicht schön aus. Spezielle Abfülltrichter oder Trichter mit kurzem, breitem Auslauf eignen sich als Hilfe recht gut. Letztere lassen sich auf einfache Weise selbst herstellen, indem man einen lebensmittelechten Trichter entsprechend verkürzt.

Füllt man die Fruchtmasse mit einem eigenen Kännchen ab, muss man noch mehr auf die Temperaturen aufpassen. Viele machen den Fehler, dass sie den Kochtopf vom Herd nehmen, und dann mit einem Kännchen zu Füllen beginnen. Die noch flüssige Konfitüre kühlt im Topf immer weiter ab, und spätestens beim letzten Kännchen ist die Temperatur im Topf zu nieder, dass nach dem Umfüllen und dem Abfüllen im Glas die 80 °C nicht mehr erreicht werden. Also darf es im Topf nicht zu sehr abgekühlt sein.

Das Füllen über den Auslaufhahn vom Kessel kann mitunter herausfordernd sein.

Abfüllen von kleinen Mengen mit einem passenden Fülltrichter. Fotos: Georg Innerhofer

Mit einem Behälter oder einem Kännchen abzufüllen ist praktisch, die Masse kühlt dabei aber stark ab.

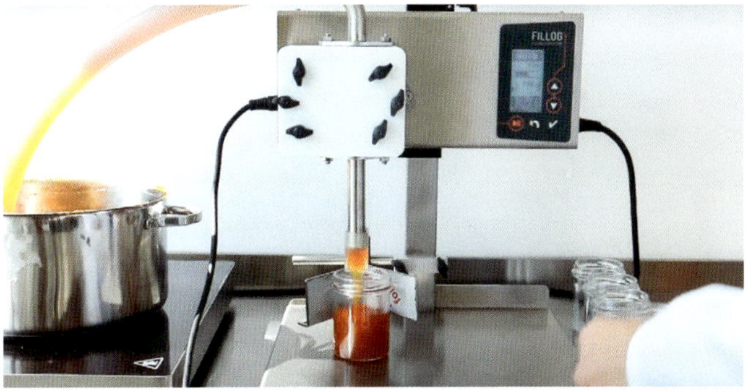

oben: Zum Abfüllen von größeren Mengen gibt es verschiedene Füllersysteme. Foto: Fillogy

rechts: Wer Konfitüren vermarktet kommt an einer (zumindest stichprobeweisen) Füllmengenkontrolle nicht herum.
Foto: Georg Innerhofer

Damit die Konfitüre sicher haltbar ist, muss sie im Glas mindestens 80 °C haben!

GLÄSER UMDREHEN ODER NACHPASTEURISIEREN

Die gefüllten Gläser sollten Sie:
- umdrehen oder
- nachpasteurisieren

Durch das Aufkochen werden alle Keime in der Fruchtmasse abgetötet. Damit auch Keime am Deckel bzw. im Luftraum abgetötet werden, müssen die Gläser sofort nach dem Füllen entweder umgedreht oder nachpasteurisiert werden. Solange die Gläser noch heiß sind, geht das recht rasch, sind die Gläser bereits abgekühlt dauert das nochmalige Erhitzen sehr lange und könnte die Konfitüre auch wieder teilweise verflüssigen.

Nach dem Befüllen das Glas, wenn notwendig, abwischen und sofort verschließen. Zum Umdrehen die Gläser mit Drehdeckeln sofort nach dem Füllen verschließen

Nach dem Verschließen sofort für wenige Minuten auf den Kopf stellen.
Foto: Georg Innerhofer

Dreht man die Gläser zu spät zurück bleibt recht viel Fruchtmasse am Deckel haften.
Fotos: Georg Innerhofer

Um sicher zu gehen, kommen die Gläser zum nochmaligen Erhitzen ins Wasserbad oder den Dampfgarer zur Deckelpasteurisation.

und für einige Minuten auf den Kopf stellen. Nach spätestens fünf Minuten dreht man die Gläser wieder um. Geschieht das zu spät, geliert die Konfitüre am Deckel und sinkt im wieder aufgestellten Glas nicht mehr ab. Am Boden des Glases verbleibt eine Luftblase. Egal wie lange man die Gläser auf den Kopf stellt, es bleibt etwas am Deckel haften. Wer das nicht haben möchte, bzw. für die Kunden einen reinen Deckel anbieten möchte, muss die Deckel durch nochmaliges Erwärmen auf mindestens 80 °C erhitzen.

Nachpasteurisieren kann man die Gläser im Dampfgarer oder im beinahe kochenden Wasser. Für letzteres eignen sich die Einkochtöpfe gut, bei denen die Gläser in einen Korb geschlichtet und damit in den mit Heißwasser gefüllten Einkochtopf gestellt werden. Nach etwa fünf Minuten hat der Deckel die notwendige Hitzeeinwirkung gehabt und die Gläser können herausgenommen werden. Nur bei heißer Luft im Backrohr dauert der Prozess etwas länger.

Nicht notwendig ist ein Umdrehen oder Nachpasteurisieren, wenn ein Konservierungsmittel zugesetzt, bzw. eine Gelierhilfe mit einem solchen verwendet wurde. Konservierte Aufstriche sind vor dem Verderben durch Mikroorganismen wie Schimmelpilze oder Hefen geschützt und brauchen diesen Schritt nicht. Auskunft über die Zusammensetzung der Gelierhilfe gibt die Zutatenliste auf der Packung. Damit eine 2 : 1- oder 3 : 1-Konfitüre dann auch wirklich hält, muss die Grundrezeptur dieser Gelierhilfe eingehalten werden. Wer weniger verwendet riskiert den Verderb, weil dann zu wenig Konservierungsmittel enthalten ist.

Früher wurden die Gläser nach dem Füllen in Blöcke zusammengeschlichtet, manchmal sogar mit Decken zugedeckt, damit sie möglichst langsam auskühlen können. Dabei blieben die Konfitüren oft stundenlang heiß, zwar haltbar aber mit deutlichen Frische- und Aromaverlusten.

GLÄSER ETIKETTIEREN

Damit Sie nach Ende der Einkochsaison beim Öffnen Ihrer Konfitüren & Co. keine unangenehmen Überraschungen erleben, ist es empfehlenswert, die ausgekühlten Gläser zu etikettieren. Schreiben Sie die Obstart, das Einmachdatum und vielleicht sogar die Rezeptur (ob zuckerarm oder konventionell) auf das Etikett. Günstig ist auch, besondere Zutaten wie spezielle Arten von Alkohol oder spezifische Gewürze zu vermerken. Aus eigener leidvoller Erfahrung weiß ich, wie schwierig es ist, sich Monate nach der Herstellung noch daran zu erinnern, was in diesem oder jenem Glas eingemacht wurde.

Diejenigen, die ihre Konfitüren vermarkten, finden im Anhang die Vorschriften für die Etikettengestaltung.

Ohne Etikett weiß man schon bald nicht mehr, was im Glas ist. Foto: Georg Innerhofer

Achten Sie bei der Kennzeichnung von Konfitüren auf die richtige Angabe der verwendeten Zutaten. Das Zutatenverzeichnis ist einer der häufigsten Beanstandungsgründe.

Foto: freepik/freepik

GELEEHERSTELLUNG

Im Gegensatz zu Konfitüre wird für Gelee nicht die ganze Frucht, sondern nur der Fruchtsaft verarbeitet. Ansonsten folgt die Herstellung den gleichen Prinzipien wie bei Konfitüre: Auswahl der Früchte und Zutaten, Kochdauer, Gelierprobe und Abfüllen bleiben gleich.

Gelee sieht besonders ansprechend aus, wenn der Fruchtsaft klar und farbintensiv ist. Helle Säfte führen zu blassen Gelees, die schnell eine unattraktive, trübe Farbe annehmen. Daher sollten für die Geleeherstellung nur kräftige, klare Säfte verwendet werden.

Manche Früchte benötigen ein pektinspaltendes Enzym (Antigeliermittel), um überhaupt entsaftet werden zu können. Dieses Enzym baut das natürliche Pektin der Frucht ab, sodass der Saft gepresst werden kann.

Damit das zugesetzte Pektin später nicht ebenfalls abgebaut wird, müssen die Enzyme vor der Zugabe des Geliermittels durch kurzes Aufkochen inaktiviert werden. Erst danach kommen Geliermittel und Zucker hinzu. Da diese Säfte praktisch pektinfrei sind, braucht man etwas mehr Gelierhilfe. Ein gutes Verhältnis ist etwa 0,75 l Saft und 1 kg Gelierzucker.

Leuchtende Farben machen Gelees besonders attraktiv. Foto: pixabay/Silvia

SAFTGEWINNUNG FÜRS GELEE

Es gibt viele Wege, den Saft aus Früchten zu gewinnen. Egal, wie viel Saft man herstellen möchte, es lässt sich immer ein passendes Verfahren finden.

Aufkochen und Abseihen

Das Aufkochen von Früchten zur Saftgewinnung ist ein traditionelles Verfahren und wurde noch vor der Verwendung vom Dampfentsafter oder der Verfügbarkeit von Enzymen eingesetzt.

Die Früchte werden in einem Topf erhitzt und so lange gekocht, bis sie weich sind und deutlich Saft abgeben. Bevor man den Saft über ein feines Sieb oder ein Tuch filtriert, lässt man das gekochte Obst noch einige Zeit ziehen. Bedingt durch das fruchteigene Pektin, das den Fruchtsaft bindet, bildet sich dann beim Versuch der Filtration auf der Oberfläche vom Tuch eine schleimige Schicht, die den Saftablauf verhindert. Daher ist bei vielen Obstarten die Saftausbeute sehr gering. Ein etwaiger Wasserzusatz beim Kochen verbessert zwar die Ausbeute, verdünnt aber Aroma und Farbe. Außerdem dauert der Entsaftungsvorgang unnötig lang.

Dieses Verfahren wird heute nicht mehr angewandt, da es im Vergleich zu anderen Methoden keine Vorteile bringt. Qualität und Ausbeute passen nur, wenn man es mit einem Zusatz von Enzymen kombiniert.

Enzymieren und Abpressen

Eine einfache Methode ist das Auspressen von zerkleinerten und – wenn notwendig – enzymierten Früchten. Um zu verhindern, dass Pektin Fruchtsaft im Fruchtfleisch zurückhält, bzw. sich der Saft filtrieren lässt baut man dieses Pektin durch spezielle Enzyme ab.

Früchte vorbereiten

Vor dem Entsaften müssen manche Früchte noch speziell vorbereitet werden. Bei Kernobst ist es ausreichend, es vor dem Zerkleinern zu waschen. Ein Entkernen bei Steinobst ist nicht unbedingt notwendig, die Früchte können mit dem Kern (Stein) darin gepresst werden. Keine Angst braucht man dabei vor der Blausäure haben, sie ist in zu geringen Mengen enthalten, als dass sie gefährlich werden könnte. Bei empfindlichen Beeren wie beispielsweise Holunder oder Johannisbeeren müssen Stiele und Blätter entfernt werden, da sie den Geschmack beeinflussen könnten. Früher wurde dies von Hand gemacht, heute übernehmen Maschinen diese Arbeit.

Früchte zerkleinern

Bevor der Saft gewonnen werden kann, müssen die Früchte zerkleinert werden. Kernobst wird gemahlen, während Beeren und Steinobst meist nur gequetscht werden. Hierbei ist es wichtig, den richtigen Zerkleinerungsgrad zu finden: Zu große Stücke verringern die Saftausbeute, eine zu feine Maische erschwert das Trennen von Flüssigkeit und festen Teilen. Ein Beispiel: Apfelmus lässt sich nicht mehr entsaften, weil die der Saft in dem feinen Mus sehr gut gebunden ist.

Maische enzymieren

Leicht zu entsaftende Früchte wie Äpfel oder Quitten braucht man vor dem Pressen nicht enzymieren. Man kann auch so genug Saft aus ihnen gewinnen. Früchte von Stein- und Beerenobst müssen aber mit diesen speziellen Enzymen behandelt werden, um eine entsprechende Saftausbeute zu erhalten.

Enzyme, die für den Prozess verwendet werden, sind in der Regel in pulverisierter oder flüssiger Form erhältlich. Sie werden in sehr kleinen Mengen dosiert, meist ein paar Gramm pro 100 l Saft. Diese Enzyme sind natürlichen Ursprungs und kommen in Früchten in geringeren Mengen vor. Sie tragen dazu bei, den Saft optimal aus den Früchten herauszulösen und die Verarbeitung zu erleichtern.

Das Enyzmieren der Maische ist ein entscheidender Schritt bei der Verarbeitung mancher Obstsorten. Dies bedeutet, dass Enzyme hinzugefügt werden, die das Pektin in den Früchten abbauen. Besonders bei Früchten, die von Natur aus viel Pektin enthalten, wie etwa bei manchen Beeren oder Früchten vom Steinobst, ist dieser Schritt notwendig. Ohne Enzymbehandlung bleibt die Maische zähflüssig, was das Pressen erschwert.

Enzymieren ja oder nein?

- Kernobst (z. B. Äpfel, Birnen): Bei diesen Früchten ist eine Enzymierung in der Regel nicht nötig, da sie sich auch ohne diesen Schritt gut pressen lassen.
- Beeren und Steinobst (z. B. Himbeeren, Johannisbeere, Pflaumen): Bei diesen Früchten verbessert das Enzymieren den Saftfluss und die Klärung der Flüssigkeit. Zudem erhöht sich die Ausbeute, da das Pektin besser aufgebrochen wird.

Zum Entsaften mit Enzymen die Früchte erhitzen, gegebenenfalls aufkochen.

Anschließend auf unter 50 °C abkühlen lassen, sonst wirkt das Enzym nicht.

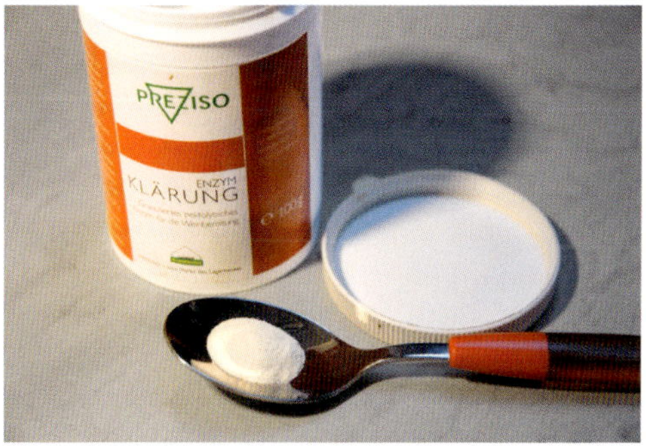

Nun kann man das Enzym zusetzen. Für 50 l Fruchtbrei benötigt man nicht einmal das, was am Löffel zu sehen ist. Fotos: Georg Innerhofer

Bei Stein- oder Beerenobst erhitzt man die zerquetschten Früchte etwa auf 50 °C, um Farbe und Aroma besser herauszulösen, setzt dann ein Enzym zu und presst nach entsprechender Wartezeit ab. Manche Obstarten oder -sorten kocht man sogar kurz auf, um ein Maximum an Farbe oder Aroma aus ihnen gewinnen zu können.

Diese Entsaftungsmethode eignet sich für große Mengen, aber auch kleinere Saftmengen können damit hergestellt werden.

Wichtig zu beachten: Die Wirkung des Enzyms wird bei einer Erwärmung der Maische auf etwa 50 °C deutlich verbessert. Bei dieser Temperatur von haben viele pektinspaltende Enzyme ihr Wirkungsoptimum. Bei höheren Temperaturen hat es seine Wirkung dauerhaft verloren. Daher sollte vor der Zugabe des Enzyms immer die Temperatur der Fruchtmasse überprüft werden.

Eine Hydropresse ist einfach aufgebaut und liefert ausrechende Ausbeuten. Es gibt sie von 20 bis 200 l Fassungsvermögen.

Abpressen

Beim Abpressen geht es darum, den Saft von den festen Fruchtteilen zu trennen. Dies sollte schonend geschehen, da zu starkes Pressen den Saft mit unerwünschten Trubstoffen anreichert und das daraus hergestellte Gelee dann eher trüb wird. Wer möchte kann den Saft auch weiter klären oder sogar filtrieren.

Achtung: Wer Enzyme zum Pektinabbau verwendet, muss diese vor der Zugabe von Pektin als Geliermittel durch einmaliges Aufkochen inaktivieren.

Nach dem Pressen kann man den Saft noch etwas absetzen lassen. Fotos: Georg Innerhofer

Beim Dampfentsafter kann man den Zucker vor oder nach dem Entsaften zusetzen. Foto: WMF

Dampfentsaften

Der Dampfentsafter war früher die bevorzugte Methode, um besonders pektinreiche Früchte zu entsaften. Heute wird er hauptsächlich bei Beeren und Steinobst verwendet. Die Früchte müssen zuerst gereinigt und verlesen werden. Beim Dampfentsaften kommen die Früchte in einen Korb über kochendem Wasser, der aufsteigende Dampf bringt die Beeren zum Platzen und gibt den Saft frei.

Je nach Fruchttyp dauert der Vorgang rund eine halbe Stunde, bei harten Früchten durchaus auch etwas länger. Für eine stärkere Saftausbeute sollte die Entsaftungszeit verlängert werden, was jedoch die Geschmackintensität verringern kann.

Dampfetntsafter aus Aluminium wurden inzwischen von jenen aus Edelstahl abgelöst.
Foto: Georg Innerhofer

Der entstehende Saft weist unterschiedliche Qualität auf. Anfangs noch stark süß, wird er gegen Ende der Entsaftung dünner und vom Geschmack her nicht mehr so aromatisch. Vorteilhaft ist es daher, den Saft aufzufangen, zu durchmischen und erst dann den gewonnenen Saft zur Geleeproduktion heranzuziehen

Da durch den Dampf sich auch das Pektin aus den Früchten löst und in den Saft gelangt, können diese gleich weiterverarbeitet werden und gelieren tendenziell relativ gut. Ein Nachteil dieser Methode ist, dass bedingt durch die lange Heißhaltezeit der Früchte ein Teil des frischen Aromas verloren geht.

Entsaftungszeit je nach Obstart:
Weiche Früchte (20–30 Minuten): Brombeeren, Erdbeeren, Himbeeren
Mittelharte Früchte (30–45 Minuten): Pflaumen, Kirschen, Weintrauben
Harte Früchte (50–60 Minuten): Äpfel, Birnen, Quitten

WEITERE SAFTVERARBEITUNG

Um im Zuge der Saftherstellung Früchte gut auspressen zu können, wird bei manchen Obstarten ein Enzym zugesetzt, das das Pektin im Fruchtfleisch abbaut. Das erhöht die Ausbeute beim Pressen und die Klarheit des Safts. Solche Enzyme (sogenannte „Pektinasen“) spalten das natürliche Pektin in den Früchten. Wer diesen Saft später mit einem pektin-basierten Geliermittel zu Gelee verarbeiten möchte, sollte aber vorsichtig sein.

Praktischer Tipp: Wenn das Enzym nicht vorher durch Erhitzen unschädlich gemacht wird, kann es auch das zugesetzte Geliermittel angreifen. Das Gelee wird dann nicht fest oder bleibt flüssig. Die Lösung ist ganz einfach: Den Saft vor der Weiterverarbeitung einmal kräftig aufkochen. So werden die Enzyme zuverlässig deaktiviert, und die Gelierung klappt wie gewohnt.

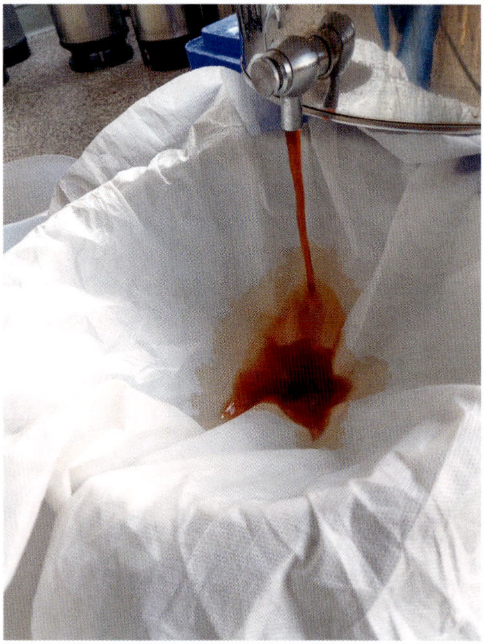

Kleinmengen kann man auch durch ein feines Tuch filtrieren. Fotos: Georg Innerhofer

Damit Gelee nicht trüb wird, ist vor allem eines wichtig: ein klarer Saft. Am besten den Saft durch ein feines Tuch ablaufen lassen, nicht auspressen – so bleibt er frei von Fruchtfleisch oder Trub. Wer das Gelee glänzend klar haben möchte, muss den Saft filtrieren. Je nach Herstellungsmenge gibt es dafür Lösungen von ganz klein bis groß. Auch beim Kochen nicht zu stark rühren, sonst gelangt Luft in die Masse, was ebenfalls Trübungen verursachen kann.

Größere Saftmengen filtriert man mit einem Schichtenfilter.

Für ein schönes, glänzendes Gelee ist nicht nur klarer Fruchtsaft wichtig, sondern auch die richtige Zuckerwahl. Klassisch wird Haushaltszucker (Saccharose) verwendet – er sorgt für Süße, Haltbarkeit und hilft beim Gelieren. Wer seinem Gelee aber einen besonders klaren Glanz verleihen möchte, kann einen Teil des Zuckers durch Glukosesirup oder Kapillärsirup (auch invertierter Zuckersirup genannt) ersetzen. Diese Sirupe lassen ein Gelee besonders glatt und glänzend erscheinen. Es genügt oft schon, 10 bis 20 % des Zuckers durch Sirup zu ersetzen.

Mit Ausnahme vom Aufkochen vom Saft gilt es bei der Geleeherstellung dieselben Vorgaben einzuhalten hinsichtlich Reihenfolge wie bei der Herstellung von Konfitüre. Auch was Fülltemperaturen und Maßnahmen für die Haltbarkeit (Umdrehen oder noch einmal mit Deckel erhitzen) anbelangt, gilt das gleiche.

Quittengelee hat eine tolle Farbe.
Foto: Georg Innerhofer

Foto: freepik/jcomp

CHUTNEYHERSTELLUNG

Unter einem Chutney versteht man eine Würzsauce auf Fruchtbasis. Was vor 20 Jahren noch eher unbekannt war, ist heute schon hinlänglich bekannt und verbreitet. Im Gegensatz zu fruchtig-süßen Konfitüren sind Chutneys süße, saure, würzige oder scharfe (oder alles zusammen kombinierte) Frucht- und Gemüsezubereitungen.

Der Name lässt es schon vermuten, dass es sich dabei um keine klassisch mitteleuropäische Zubereitung handelt. Der Wortstamm von Chutney „chatni“ stammt aus der Sprache Hindu und bedeutet so viel wie „stark gewürzt“. Über England fand die ursprünglich aus Indien stammende Art der Fruchtzubereitung schließlich zu uns. Glücklicherweise gibt es keine speziellen Vorgaben zur Herstellung oder Zusammensetzung.

Ein Chutney soll eine ausgewogene, wohlschmeckende, gut gewürzte Mischung

Die würzig-fruchtigen Chutneys passen gut zu deftigen Fleischgerichten. Foto: Georg Innerhofer

Zunächst alle Zutaten für ein Apfelchtuney in einen Topf geben, dann einkochen lassen.

Chutneys kann man nach dem Füllen umdrehen, ist aber bei vielen Rezepten nicht unbedingt notwendig.

Chutneys sehen sich im Glas recht ähnlich. Etikettieren schützt von Überraschungen.
Fotos: Georg Innerhofer

aus Früchten sein. Je nach Rezept passen Chutneys gut zu verschiedensten kalten Gerichten (Käseplatte), eignen sich aber auch bei warmen Speisen als perfekte Begleitung. Hervorragend eignen sich Chutneys als selbstgemachte Grillsaucen.

Da es keine speziellen Rechtsvorschriften zur Herstellung und Kennzeichnung gibt, kann beim Etikettieren die Bezeichnung „Chutney" um den Begriff „feine Würzsauce aus Früchten" oder so ähnlich ergänzt werden.

Auch bei kalten Imbissen bringen Chutneys Würze. Foto: pixabay/armennano

ZUTATEN

Früchte

Für die Auswahl der Früchte gelten ähnliche Grundsätze wie bei der Herstellung von Konfitüren. Es eignen sich nahezu alle Obstarten, um daraus ein schmackhaftes Chutney zu zaubern. Besonders empfehlenswert sind Früchte, die entweder eine intensive Farbe oder ein ausgeprägtes Aroma mitbringen. Beliebte Optionen sind Zwetschken, Holunderbeeren, Brombeeren sowie Marillen und Pfirsiche. Auch Äpfel finden häufig Verwendung, da sie eine gute Basis bieten.

Für Chutneys kann man alle möglichen Zutaten verwenden. Erlaubt ist, was schmeckt.
Fotos: Georg Innerhofer

Für manche Rezepte sind zudem exotische Südfrüchte oder Zitrusfrüchte wie Orangen oder Limetten eine interessante Wahl, da sie dem Chutney eine besondere Frische und Säure verleihen.

Gemüse

Gemüse spielt in vielen Chutneys eine zentrale Rolle, insbesondere Zwiebeln und Knoblauch, die für Würze und geschmackliche Tiefe sorgen. Neben diesen Grundzutaten werden häufig auch Kürbisse und Karotten verwendet. Diese Gemüsesorten sind nicht nur günstig, bringen auch Süße und Textur ins Chutney und ergänzen auch die Aromen der Früchte.

Zucker

In der Auswahl des Zuckers sind wir weitestgehend flexibel – es können alle Zuckerarten verwendet werden, die auch bei Konfitüren geeignet sind. Während weißer Zucker neutral im Geschmack bleibt, kann brauner Zucker durch seine Karamellnoten das Aroma des Chutneys bereichern. Auch alternative Süßungsmittel wie Honig oder verschiedene Siruparten (z. B. Ahornsirup) eignen sich hervorragend.

Zwiebeln sind beliebt für die Würzigkeit, aber auch als kostengünstige Zutat.

Die Menge des zugesetzten Zuckers beeinflusst nicht nur den Geschmack des Chutneys, sondern – ähnlich wie bei Konfitüren – auch dessen Haltbarkeit. Ein höherer Zuckergehalt wirkt konservierend und verlängert die Haltbarkeit.

Essig

Essig ist ein wichtiger Bestandteil von einem Chutney, da er den süßen Geschmack des Zuckers ausbalanciert, damit für eine harmonische Gesamtkomposition sorgt und positiv für die Haltbarkeit ist. Dabei sollte auf qualitativ hochwertigen Essig geachtet werden. Handelsüblicher Essig hat in der Regel einen Säuregehalt von mindestens 5 %, während Weinessig oft 6 % Säure enthält. Die Menge des zugesetzten Essigs hängt vom Rezept, den verwendeten Früchten und dem persönlichen Geschmack ab – je nach Bedarf kann mehr oder weniger verwendet werden.

Vorsicht ist bei Balsamicoessig geboten: Dieser bringt nicht nur eine intensive Süße und Säure mit sich, sondern auch eine starke dunkle Färbung, die auch auf das Endprodukt übergeht.

Gewürze

Bei der Wahl der Gewürze sind der Kreativität kaum Grenzen gesetzt – nahezu alle Küchengewürze können verwendet werden, um das Chutney geschmacklich zu verfeinern. Da ein Entfernen von Stücken aus dem fertigen Chutney fast nicht mehr funktioniert, sollten die Gewürze gemahlen zugesetzt werden. Im Idealfall werden sie gemahlen und möglichst bald verwendet, andernfalls können sie an Intensität verlieren.

Hierbei gilt der Grundsatz: Erlaubt ist, was schmeckt.

Chili

Chili ist eine Paprikaart, die durch ihren hohen Gehalt an Capsaicin für Schärfe sorgt. Dieses ist hauptsächlich in den Samen und den inneren Häutchen der Frucht konzentriert – etwa 90 bis 99 % der scharfen Stoffe befinden sich dort. Die Schärfe nimmt mit zunehmender Entfernung vom Stielende ab, sodass die Spitze der Schote weniger intensiv ist. Je länger die Chili mitgekocht wird, desto stärker entfaltet sich die Schärfe. Für eine mildere Note sollte die Schote nur kurz mitgegart werden.

Chili kann Schleimhäute reizen. Beim Umgang ist Vorsicht geboten – vermeiden Sie den Kontakt mit Augen, Mund oder empfindlicher Haut. Sicherheitshalber Handschuhe verwenden.

Gewürznelken

Gewürznelken haben ein intensives Aroma, das irgendwie an Weihnachten erinnert. Ihr Geschmack ist fruchtig, zugleich leicht scharf, pfeffrig und leicht bitter. Der Name „Nelke" leitet sich von ihrer Form ab, die einem kleinen Nagel ähnelt. Gewürznelken eignen sich hervorragend für Chutneys, da sie eine warme Würze und Tiefe hinzufügen.

Ingwer

Er bringt ein brennend scharfes, erfrischendes und fruchtig-aromatisches Aroma mit einer pfeffrig-zitronigen Note. Er sollte immer frisch verwendet werden – entweder gerieben, in kleine Stücke geschnitten oder

Chilis geben vielen Chutneys Schärfe, von dezent bis feurig. Fotos: Georg Innerhofer

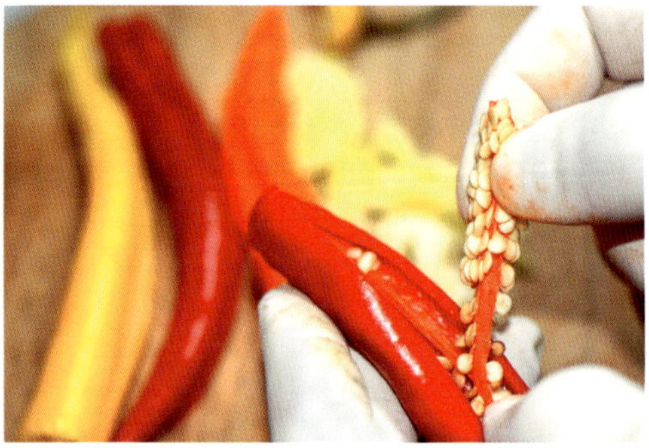

Die Schärfe ist besonders im Kern enthalten. Beim Entkernen bitte Handschuhe tragen.

gepresst. Seine wärmende Schärfe entwickelt sich erst beim Kochen, weshalb er im fertigen Chutney intensiver schmecken kann als zunächst vermutet.

Kardamom

Kardamom hat einen sehr vielseitigen und einzigartigen Geschmack, der gleichzeitig süß, würzig und erfrischend ist. Man kann ihn als eine Mischung aus warmen, würzigen Noten und einer leicht zitrusartigen Frische beschreiben. Viele kennen das Aroma von der indischen Küche her.

Koriander

Gemahlene Koriandersamen haben ein süßliches Aroma mit orangenartigen Noten. Sie können Chutneys subtil verfeinern – jedoch sollte die Menge vorsichtig dosiert werden, da ein Übermaß den Geschmack dominieren und unangenehm machen kann.

Kreuzkümmel

Er hat ein nussiges, erdiges Aroma und wird manchmal schon mit den Zwiebeln mitgeröstet, um sein volles Aroma zu entfalten. Kreuzkümmel ist besonders in indischen Chutneys und Gewürzmischungen beliebt.

Pfeffer

Grüner Pfeffer wird aus unreifen Früchten geerntet und entweder frisch eingelegt oder schnell getrocknet (oft gefriergetrocknet). Er behält seine grüne Farbe und hat ein mildes Aroma.

Schwarzer Pfeffer entsteht durch langsame Trocknung unreifer (grüner) bis knapp reifer (gelb-orange) Früchte des Pfefferstrauchs. Er hat einen fruchtigen Duft mit Zitrusnoten und schmeckt aromatisch-scharf.

Weißer Pfeffer wird aus vollreifen roten Beeren gewonnen, deren Schale entfernt wird. Nach dem Schälen werden sie getrocknet und gemahlen. Weißer Pfeffer hat ein dezentes Aroma.

Roter Pfeffer, auch als rote Beeren bezeichnet, hat nichts mit dem „echten" Pfeffer zu tun und ist eher dekorativ als aromatisch.

Piment

Auch bekannt als Nelkenpfeffer, ist Piment die getrocknete Frucht des Nelkenpfefferbaums. Sein Geschmack erinnert an eine Mischung aus Nelke, Zimt und Muskatnuss. Piment wird sowohl gemahlen als auch in Form ganzer Körner angeboten und verleiht Chutneys eine warme Würze.

Rosmarin

Rosmarin zählt zu den mediterranen Gewürzpflanzen und kann frisch oder getrocknet verwendet werden. Die Nadeln behalten auch nach dem Trocknen ihr intensives Aroma. Rosmarin hat einen kampferähnlichen Duft und kräftigen würzigen Geschmack – ideal für herzhafte Chutneys.

Zimt

Zimt kommt entweder gemahlen als braunes Pulver oder ganz als Zimtstange (zusammengerollte Rinde) in den Handel. In Stangenform verliert Zimt langsamer sein Aroma und eignet sich besonders für längere Lagerung. Sein Geschmack ist würzig-süßlich und verleiht Chutneys eine warme Note.

FÜNF FRAGEN RUND UM CHUTNEYS

Wann oder wozu isst man eigentlich Chutneys?

Als würzige Sauce kann man Chutneys als Beilage zu Käseplatten genauso genießen wie zu einem Hirschbraten. Erlaubt ist, was schmeckt.

Chutneys passen hervorragend zu Käse.
Foto: pixabay/melly17

Muss man die eingekochte Masse pürieren?

Muss man nicht. Man kann natürlich – wenn man es möchte – die Zutaten nach oder während des Kochens noch weiter zerkleinern, es ist aber kein Muss. Mir persönlich schmeckt es besser, wenn im fertigen Chutney noch Fruchtstücke enthalten sind.

Wie lange muss die Fruchtmasse köcheln?

Die Fruchtmasse lässt man so lange köcheln, bis sie eingedickt ist. Chutneys sollen nicht zu flüssig sein, werden aber mit zunehmender Kochzeit auch immer dunkler und die Fruchtaromen verlieren an Intensität.

Warum sind Chutneys haltbar?

Durch die Mischung aus Essig, Zucker und der langen Kochzeit haben es Keime von Hefen oder Schimmelpilzen mit dem Überleben extrem schwierig. Zusätzlich ist jegliche Keimentwicklung durch die Heißfüllung unterbunden, bis das Glas das erste Mal geöffnet wird. Dann bestimmen wie bei Konfitüren & Co. der Gesamtzuckergehalt (und der Essiganteil) die weitere Haltbarkeit.

Wie lange sind Chutneys haltbar?

Chutneys müssen reifen. Sie sind erst nach mehreren Wochen richtig durchgezogen. Also ganz frisch sind sie noch nicht perfekt, aber dann sollten ihre vollen Geschmackseigenschaften bis zu einem Jahr beibehalten können. Älter sollten Chutneys auch nicht werden.

Dieses Feigenchutney links ist noch zu flüssig und noch nicht haltbar. Es muss noch weiter eindicken. Wenige Minuten später hat es die perfekte Konsistenz und ist haltbar (rechts)
Foto: Georg Innerhofer

TRENDS

BIO-AUFSTRICHE

Bio-Aufstriche – geht das überhaupt? Es erscheint doch fast komisch, dass man sehr süße Fruchtaufstriche als Bioprodukt herstellen kann. Aber: Entscheidend ist nicht der ernährungsphysiologische Wert des Produkts, sondern ausschließlich die verwendeten Zutaten.

Rechtliche Grundlagen

Wer Bio-Konfitüren herstellen möchte, muss bestimmte Vorgaben einhalten, die in den EU-weiten Rechtsvorschriften für biologische Landwirtschaft und Lebensmittelverarbeitung geregelt sind. Die wichtigste Grundlage bildet die Verordnung (EU) 2018/848, die seit dem 1. Januar 2022 die biologische Produktion und Kennzeichnung von Bio-Erzeugnissen einheitlich in Europa regelt. Ergänzend dazu gibt es eine Reihe von Durchführungs- und delegierten Verordnungen, in denen Details zur Verarbeitung, zu erlaubten Zutaten oder zur Kontrolle festgelegt sind – zum Beispiel die Verordnungen (EU) 2021/1165 und 2021/1378.

Für die Herstellung von Bio-Konfitüren bedeutet das: Mindestens 95 % der landwirtschaftlichen Zutaten (wie Früchte, Zucker etc.) müssen aus kontrolliert biologischem Anbau stammen.

Nur wenige weitere, genau definierte Zusatzstoffe und Verarbeitungshilfsmittel sind erlaubt – etwa Pektin oder Zitronensäure, aber auch nur dann, wenn sie auf den entsprechenden Positivlisten aufgeführt sind. Der Einsatz von Gentechnik, ionisierender Bestrahlung oder chemisch-synthetischen Zusatzstoffen ist strikt untersagt.

Selbst in der freien Natur gesammelte, essbare Wildfrüchte oder Kräuter dürfen nur dann als „Bio“ bezeichnet und als Zutat für ein Bioprodukt verwendet werden, wenn die Sammelgebiete in die Biokontrolle einbezogen und anerkannt wurden. Also kann beispielsweise auch von einem noch nie gedüngten oder gespritzten Holunderbusch ohne Kontrolle keine Bio-Konfitüre hergestellt werden. Ebenso ist im eigenen Garten geerntetes Obst und Gemüse nur „biologisch“ im Sinne der Verordnung und somit für Bioprodukte erlaubt, wenn der Garten als Biofläche von der Bio-Kontrollstelle kontrolliert und anerkannt wurde.

Foto: unsplash/Kelsey Todd

Kontrolle

Auch die Verarbeitung selbst muss schonend erfolgen, wobei Bio- und konventionelle Erzeugnisse strikt voneinander getrennt verarbeitet und gelagert werden müssen. Das betrifft sowohl räumliche als auch zeitliche Abläufe – also etwa getrennte Produktionslinien oder gründliche Reinigung zwischen Chargen. Zudem müssen alle relevanten Arbeitsschritte und Warenflüsse lückenlos dokumentiert werden.

Ein zentrales Element der Bio-Herstellung ist die verpflichtende Zertifizierung durch eine zugelassene Kontrollstelle. In Österreich und Deutschland gibt es jeweils eine Reihe anerkannter Stellen. In Österreich gehören unter anderem Austria Bio Garantie (AT-BIO-301) oder Lacon Institut (AT-BIO-402) zu den zugelassenen Kontrollstellen. Beispiele in Deutschland sind ABCERT (DE-ÖKO-006) oder Ecocert IMO (DE-ÖKO-005). Diese Institute kontrollieren regelmäßig, ob alle Vorschriften eingehalten werden – sowohl im Rahmen der Erstzertifizierung als auch bei laufenden jährlich durchgeführten Kontrollen.

Kennzeichnung

Die Kennzeichnung der Bio-Konfitüre muss ebenfalls bestimmte Anforderungen erfüllen. So ist die Verwendung des EU-Bio-Logos verpflichtend, ebenso wie die Angabe der Kontrollstellen-Nummer (z. B. „AT-BIO-301“) und der Herkunft der landwirtschaftlichen Zutaten. Dabei wird unterschieden zwischen „EU-Landwirtschaft“, „Nicht-EU-Landwirtschaft“ oder Mischformen wie „EU-/Nicht-EU-Landwirtschaft“, je nachdem, woher die Rohstoffe stammen.

Das EU-weit verbreitete Bio-Zeichen kennzeichnet Bio-Produkte. Es darf nur verwendet werden, wenn der Erzeuger ein gültiges Bio-Zertifikat hat.
Quelle: Europäische Kommission

ZUCKERFREIE AUFSTRICHE

Fruchtaufstriche ohne Zuckerzusatz werden bei gesundheitsbewussten Menschen immer beliebter – sei es wegen einer einzuhaltenden Diät, bewusster Ernährung oder einfach, weil man auf Industriezucker verzichten möchte. Doch genau das stellt auch die Herausforderung dar. Denn der Zucker sorgt normalerweise für Konsistenz, Haltbarkeit, Geschmack und Gelierung. In den Aufstrichen ohne Zuckerzusatz fehlt somit ein wichtiger Bestandteil.

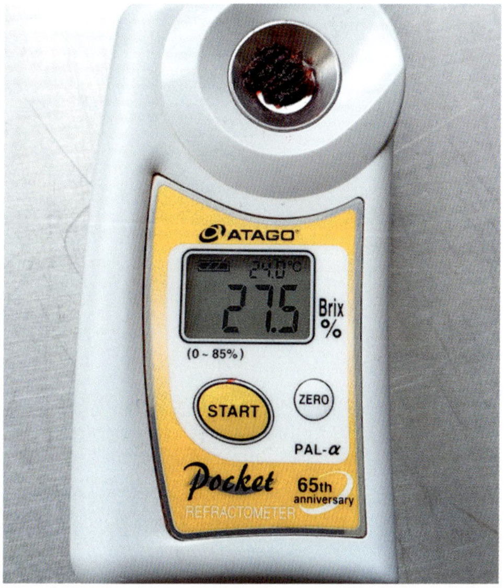

Stark zuckerreduziert eingekochte Aufstriche haben nur wenig Trockensubstanz und damit eine eingeschränkte Haltbarkeit.
Foto: Georg Innerhofer

Spezialpektine

In der professionellen Lebensmittelherstellung werden dafür sogenannte Spezialpektine eingesetzt – besondere Geliermittel aus besonderem Pektin, die speziell für zuckerarme oder zuckerfreie Fruchtaufstriche entwickelt wurden. Diese Pektine können große Mengen Flüssigkeit binden, sorgen für eine gute Gelierung (ohne zusätzlichen Calciumzusatz), bringen viel Mundgefühl und helfen dabei, die Fruchtaromen optimal freizusetzen, ohne dass sich Flüssigkeit absetzt (dieses Absetzen nennt man „Synärese").

Solche Spezialzutaten stehen im normalen Haushalt aber nicht zur Verfügung. Für die Küche daheim muss man sich daher mit einfachen und natürlichen Mitteln behelfen, die trotzdem gute Ergebnisse liefern können – wenn man weiß, wie.

Gelierhilfen für die Küche daheim

Wer daheim kalorienreduzierte oder ganz zuckerfreie Fruchtaufstriche herstellen möchte, kann auf folgende Alternativen zurückgreifen:

- **Agrar-Agar**
- **Verdickungsmittel**
- **Chia- und Leinsamen**
- **Flohsamenschalen**

Agar-Agar ist ein pflanzliches Geliermittel, das aus Algen gewonnen wird. Es geliert schnell und fest, eignet sich gut zum Verfestigen von Fruchtmassen mit hohem Flüssigkeitsanteil bzw. Säften. Wichtig ist hier das genaue Abmessen, da es sonst leicht zu fest oder zu bröckelig wird.

Verdickungsmittel wie Johannisbrotkernmehl oder Guarkernmehl binden ebenfalls Flüssigkeit, verursachen aber manchmal eine etwas schleimige Konsistenz. Verdickungsmittel ergeben keinen klassischen „Gelier-Effekt", verbessern aber das Mundgefühl und die Streichfähigkeit.

Chia- und Leinsamen quellen stark auf und binden Flüssigkeit sehr gut. Außerdem bringen sie einen nussigen und kernigen Geschmack mit etwas Biss mit, was nicht alle als angenehm empfinden. Sie eignen sich hervorragend für rohe, frische Fruchtaufstriche, die im Kühlschrank aufbewahrt werden. Für eine längere Aufbewahrung sind sie nicht geeignet, auch dann nicht, wenn man die Masse erhitzt.

Besonders feingemahlen sind Flohsamenschalen sehr effektiv als natürliches Bindemittel. Sie quellen auf und sorgen für eine weiche, gelartige Konsistenz – ganz ohne Kochen.

Auch ohne Spezialzutaten lassen sich zuckerfreie oder zumindest zuckerarme Fruchtaufstriche zu Hause gut herstellen. Wer ein bisschen experimentierfreudig ist, kann mit Chia, Agar-Agar oder Flohsamenschalen genauso streichfähige Aufstriche herstellen. Manchmal ist das Ergebnis nicht ganz so stabil wie in der professionellen Herstellung, aber dennoch wohlschmeckende und gesund.

KALT GERÜHRTE AUFSTRICHE

Wer den reinen Fruchtgeschmack liebt, kommt an kalt gerührten Konfitüren kaum vorbei. Anders als klassische Konfitüren, die durch Kochen hergestellt und haltbar gemacht werden, bleiben bei dieser Methode Vitamine, Farbe und das volle Aroma der frischen Früchte weitgehend erhalten. Genau das macht diese Zubereitungsart bei vielen so beliebt, die möglichst naturbelassen einkochen (bzw. in diesem Fall: einrühren) möchten.

Herstellung

Die Herstellung ist denkbar einfach. Reife, saubere und zerkleinerte Früchte werden mit Zucker oder Zuckeralternativen vermischt und mit einem Verdickungsmittel versetzt. Diese gibt es auf Basis von Pektin aber auch Agar-Agar, Chia-Samen oder Flohsamenschalen können als Bindemittel zum Einsatz kommen, wenn man den klassischen Herstellungsweg verlassen möchte.

Die vorbereiteten und zumindest grob zerkleinerten Früchte werden mit einem Stabmixer oder Schneebesen mit der Geliermischung gut durchgerührt und ziehen gelassen. Nach maximal einer halben Stunde ist die Verdickung eingetreten. Wer den Aufstrich noch dicker haben möchte kann jetzt ein Verdickungsmittel nachdosieren und in saubere Gläser abfüllen. Der Aufwand ist gering, die Zubereitung dauert nur wenige Minuten – und der frische Fruchtgeschmack bleibt intensiv erhalten.

Vorteile

Da beim kalt gerührten Fruchtaufstrich auf das Erhitzen verzichtet wird, bleiben die frische Farbe, das volle Aroma und hitzeempfindliche Stoffe wie Vitamin C weitgehend erhalten. Das macht diese Methode besonders nährstoffschonend und geschmacklich intensiv. Außerdem ist die Zubereitung ideal für kleine Mengen – zum Beispiel, wenn man nur eine Handvoll frisch geernteter Beeren aus dem Garten verarbeiten möchte. Ohne Kochen und langes Sterilisieren sind ein paar Gläser schnell gemacht.

Ein Versuch mit allen verschiedenen Mitteln ist schnell gemacht, auch kalt und heiß, und klärt alle offenen Fragen. Foto: Georg Innerhofer

Hauptsächlich verwendet man Chia- und Leinsamen für kaltgerührte Aufstriche. Foto: freepik

Kalt gerührte Konfitüren müssen immer im Kühlschrank gelagert werden. Dennoch ist die Haltbarkeit auf gut zwei Wochen beschränkt. Foto: pixabay/Biohof

Haltbarkeit

Kalt gerührte Konfitüren sind nicht hitzesterilisiert und daher deutlich kürzer haltbar als eingekochte Aufstriche. Sie müssen immer kühl gelagert werden, am besten im Kühlschrank bei 4–6 °C. Ungeöffnete Gläser halten sich dort etwa zwei Wochen, je nach Zuckergehalt und Fruchtsorte. Nach dem Öffnen sollten sie innerhalb von wenigen Tagen verbraucht werden.

Ein sauberer Arbeitsbereich, hygienisch gespülte Gläser und frische Zutaten sind hier besonders wichtig, damit nichts vorzeitig verdirbt.

FRUCHTSAUCEN

Ob man die Produkte nun als Fruchtsauce, Fruchtmark oder Fruchtgrütze bezeichnet ist gleich. Die Wahrnehmung der Wertigkeit bei diesen Produkten schwankt. Was vor Jahrzehnten noch üblich war, ist zwischendurch fast aus den Vorratskästen komplett verschwunden. Momentan gewinnen solche Fruchtzubereitungen zunehmend an Beliebtheit – sei es als schneller Snack zwischendurch oder als einfaches Dessert mit Vanilleeis und Schlagobers.

Dabei ist es so einfach: reife Früchte der Saison aussortieren, vorbereiten und in einem Topf mit oder ohne Süßungsmittel erhitzen und dann heiß abfüllen. Fertig. Derart hergestellte Gläser sind ohne weiteren Energieeintrag haltbar und sofort nach dem Öffnen verwendbar. Die Haltbarkeit wird dabei allein durch die Heißabfüllung erreicht.

Klassisch ist die Mischung aus roten Früchten aus dem Garten, wahrscheinlich vielen noch als „Rote Grütze" in Erinnerung. Mit anderen Fruchtmischungen aus Kiwi, Weintraube, Stachelbeere oder Mirabelle, gelber Himbeere oder gelber Melone lassen sich grüne oder auch gelbe Fruchtsaucen herstellen.

Eine Fruchtsauce oder Grütze ist vielseitig, saisonal anpassbar, ist ideal zum raschen Verarbeiten von gleichzeitig reifenden Früchten und zeigt, wie kreativ man Früchte auch ohne Zutaten verwenden kann.

Aufgrund ihrer steigenden Bedeutung und der Ähnlichkeit zur Konfitüre bzw. der gelegentlichen Verwendung von Gelier- oder Verdickungsmitteln werden in diesem Ratgeber ebenfalls mitberücksichtigt.

QUALITÄT

Ob für den Eigenbedarf oder zum Verkauf – eine gute Konfitüre sollte immer ein Produkt mit besonderer und unverwechselbarer Qualität sein. Qualität bedeutet in diesem Zusammenhang für mich das harmonische Zusammenspiel von Aussehen, Geruch, Geschmack, Konsistenz, ernährungsphysiologischem Wert und natürlich dem Einhalten gesetzlicher Vorgaben, die im Anhang näher erläutert werden.

Die wesentlichen qualitätsbestimmenden Faktoren bei Fruchtaufstrichen
Quelle: Georg Innerhofer; Grafik: DSR Rypka

GERUCH UND GESCHMACK

Die wichtigsten Faktoren sind:
- Auswahl der Früchte
- Zuckergehalt
- Kochzeit
- Zusätzliche Aromen

Für ein gutes Aroma und einen angenehmen Geruch sind reife und gesunde Früchte Grundvoraussetzung. Auch am Gaumen soll der Fruchtgeschmack klar im Vordergrund stehen.

Aber auch die Rezeptur beeinflusst den Geschmack. Der Zucker spielt hier eine große Rolle: Entscheidend ist ein ausgewogenes Zucker-Säure-Verhältnis. Säurereiche Früchte – wie Weichseln oder Johannisbeeren – vertragen durchaus mehr Zucker, ohne dass dieser zu dominant wirkt. Umgekehrt können milde Früchte auch mit weniger Zucker auskommen, ohne fad oder langweilig zu schmecken.

Mehr Frucht bedeutet aber nicht automatisch mehr Aroma. Ich habe zum Beispiel festgestellt, dass zuckersparend eingekochte Konfitüren aus Erdbeeren, Himbeeren oder Pfirsichen oft weniger intensiv im Geschmack sind als Varianten mit mehr Zucker.

Foto: pixabay/robertazan

Auch die Kochzeit spielt eine Rolle: Je länger die Masse gekocht wird, desto mehr Farbe, Aroma und Frische gehen verloren. Was Gewürze, Liköre oder Inländerrum betrifft: Diese sollten den Fruchtgeschmack nur dezent unterstreichen, aber niemals überdecken.

FARBE

Fruchtauswahl

Die Farbe der verwendeten Früchte ist logischerweise wesentlich für die Farbe der daraus hergestellten Produkte. Ohne zusätzliche Farbstoffe hängt die Farbe einer Konfitüre ausschließlich von der Fruchtauswahl ab. Früchte mit vielen und vor allem stabilen Farbstoffen wie z. B. Heidelbeeren, Brombeeren oder Johannisbeeren eignen sich besonders gut. Aufstriche daraus verändern ihre Farbe nur langsam.

Erdbeeren mit wenig Farbe im Inneren haben noch weniger Farbtiefe. Fotos: Georg Innerhofer

Erdbeeren sind leider das beste Beispiel für die gegenteilige Erscheinung: anfangs kräftig rot, werden die Konfitüren daraus mit der Zeit oft graubraun. In manchen gekauften Produkten wird daher mit farbgebenden Säften oder Konzentraten nachgeholfen – ein Blick auf die Zutatenliste im Supermarkt zeigt schnell, was beigemischt wurde. Als Abhilfe für zu Hause würde ich vorschlagen, Erdbeerkonfitüre nach Bedarf herzustellen und die Früchte inzwischen einzufrieren. Auch bei Kirsch- oder Zwetschkenkonfitüren kommt es mit der Zeit zu Bräunungen, ihre Attraktivität lässt nach.

Gelees sollten nur mit intensiv färbenden Fruchtsäften zubereitet werden, da nur diese für eine leuchtende Farbe sorgen.

Wer möchte, kann auch fertige Erdbeerkonfitüre einfrieren und damit die Farbe stabilisieren.

pH-Wert

Der Säuregrad einer Fruchtzubereitung beeinflusst die Farbstabilität recht stark. Rote Farbstoffe sind bei niedrigerem pH-Wert, also bei viel Säure, heller und beständiger. Zitronensäure, die oft schon im Gelierzucker enthalten ist, kann den pH-Wert absenken und die Farbe etwas aufhellen.

Wer mit wenig sauren Früchten arbeitet, kann zusätzlich Zitronensaft oder -säure einrühren – aber bitte nicht bei Weichseln oder Johannisbeeren, die ohnehin schon sehr sauer sind. Bei Verwendung von Agar-Agar darf kein zusätzlicher Säurezusatz erfolgen, da das Geliermittel sonst an Gelierkraft verliert. Gelbe und orange Farbstoffe – etwa in Marillen oder Pfirsichen – sind deutlich unempfindlicher. Sie behalten ihre Farbe meist mehrere Monate lang.

Zuckergehalt

Zucker hat je nach zugesetzter Menge mehr oder weniger Einfluss auf die Farbstabilität. Einerseits stabilisiert er Farbstoffe, andererseits kann beim Kochen durch Karamellisierung eine leichte Bräunung entstehen. Dennoch zeigt sich, dass klassisch eingekochte Konfitüren ihre Farbe deutlich besser behalten als zuckersparende Varianten. Ein Zusatz von Ascorbinsäure bringt kaum etwas, da sie beim Kochen zerstört wird.

Vorsicht ist auch bei der Verwendung von braunem Zucker geboten. In hellen Zubereitungen stört das schon, bei dunklen Früchten hat das keinen Einfluss, dort entscheidet der Geschmack.

Längere Kochzeiten (hier links) führen zu einer dunkleren Farbe bei Marillenkonfitüre.
Foto: Georg Innerhofer

Andere Faktoren

Kochzeit

Faustregel zur Kochzeit: So kurz wie möglich – aber so lange wie nötig, um eine stabile Gelierung und Haltbarkeit zu erreichen. Ein zu langes Kochen führt zu Bräunungen und die ursprünglich leuchtende Fruchtfarbe geht verloren.

Lichtempfindlichkeit

Lagern Sie Ihre Gläser unbedingt dunkel – sonst verfärbt sich die Konfitüre auf der lichtzugewandten Seite sehr rasch.

KONSISTENZ

Wesentliche Faktoren:
- Geliermittelgehalt
- pH-Wert
- Zuckergehalt

Laut EU-Definition müssen Konfitüren, Gelees und Marmeladen eine ausreichende Gelierung aufweisen – sie müssen also nicht schnittfest sein, aber auch nicht flüssig vom Brot rinnen. Hier ist etwas Erfahrung gefragt, um genau den richtigen Punkt zu treffen: gut streichfähig, aber nicht zu flüssig.

Der wichtigste Punkt dabei ist das Geliermittel – ob Pektin, Agar-Agar oder andere – sowie die richtigen Bedingungen dafür (siehe Kapitel Geliermittel). Auch Zucker und pH-Wert beeinflussen die Gelierfähigkeit.

VERTEILUNG VON FRUCHTSTÜCKEN

Wichtig ist:
- Fruchtstücke sollen sich gleichmäßig im Glas verteilen
- Keine „Schwimmfrüchte“ oben oder „Tauchfrüchte“ unten

Bei Aufstrichen mit ganzen oder halbierten Früchten kann es passieren, dass diese entweder obenauf schwimmen oder nach unten sinken – je nach Größe und Gewicht.

Ein einfacher Trick: Die Gläser nach dem Einfüllen kurz auf den Kopf stellen. Sobald die Masse zu gelieren beginnt, wieder umdrehen. Der richtige Zeitpunkt hängt vom Geliergrad und der Beschaffenheit der Fruchtstücke ab – etwas Übung macht den Meister! Ein lustiges aber unprofessionelles Spielchen bei Kleinmengen.

Aufsteigende Schalenteile machen Orangenmarmelade nicht gerade attraktiv.
Foto: Herbstreith & Fox

Eine professionelle Alternative dazu ist die Verwendung von besonderem Pektin. Damit hat die Fruchtmasse schon von Erhitzungsbeginn an eine Konsistenz, die ein Aufschwimmen verhindert. Das Ergebnis ist eine gleichmäßige Verteilung (siehe auch Seite 127).

PRODUKTIONSAUFZEICHNUNGEN

Eine gute Konfitüre darf kein Zufallsprodukt sein. Wer regelmäßig einkocht – ob für den Eigenbedarf oder für den Verkauf – sollte jede Charge mit gleichbleibend hoher Qualität herstellen.

Dazu gehört auch das Führen von Aufzeichnungen über die wichtigsten Arbeitsschritte (siehe Anhang). Besonders für den Verkauf sind diese Aufzeichnungen wichtig. Aber auch für den Hausgebrauch kann es hilfreich sein, ein kleines Herstellungsprotokoll zu führen – zum Beispiel, um Rezepte zu verbessern oder Fehlerquellen später nachzuvollziehen.

Warum dokumentieren?
- Um Fehlerquellen später nachvollziehen zu können
- Um die Anforderungen der Lebensmittelhygieneverordnung nachweislich zu erfüllen
- Um im Fall von Beanstandungen die ordnungsgemäße Herstellung belegen zu können
- Um bei Verkauf der Sorgfaltspflicht gegenüber den Kunden nachzukommen
- Um die Qualität dauerhaft sicherzustellen

Foto: pixabay/M. M.

HALTBARKEIT

Konfitüren, Gelees und Marmeladen sind prinzipiell über viel Monate hindurch haltbar. Oxidationen, also Reaktionen mit Sauerstoff und Veränderungen der Inhaltsstoffe bewirken, dass sich Farbe, Geruch und Geschmack mit der Zeit verändern.

UNERWÜNSCHTE VERÄNDERUNGEN IN AUFSTRICHEN

Farbveränderungen

Eine leuchtende Farbe ist ein wichtiges Qualitätsmerkmal eines Fruchtaufstrichs. Meistens geht diese im Zuge der Lagerung aus unterschiedlichen Gründen verloren. Unsere Früchte beinhalten keine absolut stabilen Farbstoffe. Je nach Obstart neigen diese unterschiedlich stark dazu, sich mit der Zeit zu verändern. In Erdbeeren rasch, bei schwarzen Johannisbeeren langsamer. Verhindern lässt sich das nicht. So gut wie alle vorkommenden Farbstoffe verändern sich unter Lichteinfluss rascher, eine dunkle (und kühle) Lagerung wirkt sich somit positiv auf die Farbstabilität aus.

Kalt gerührte Marmeladen enthalten noch alle Enzyme (weil nicht beim Kochen zerstört), also auch jene, die Bräunungen bewirken. Sie sind daher weniger farbstabil, was aber bei einer Haltbarkeit von bis zu zwei Wochen nicht so entscheidend ist.

Abbau von Geruch und Geschmack

Vom Tag der Herstellung an verändern sich die Aromen im Aufstrich. Der Prozess geschieht laufend und lässt sich bestenfalls durch kühle Lagerung verlangsamen, aber nicht aufhalten. Wie sehr sich die Geruchs- und Geschmacksstoffe im Laufe der Monate verändert haben, bemerken wir erst beim Einkochen derselben Frucht in der nächsten Saison.

Keimwachstum

In diesem Punkt können wir am stärksten eingreifen, und bei richtiger Herstellungsweise einen frühzeitigten Verderb verhindern. Ein Verderb durch Mikroorganismen – also ein Schimmeln oder Gären – ist bei richtiger Herstellungsweise mit Heißfüllung im originalverschlossenen Glas unmöglich.

Nach dem Öffnen entscheiden mehrere Faktoren darüber, wie lange die Konfitüre noch haltbar ist. Eine alkoholische Gärung durch Hefen ist nur in sehr zuckersparend oder überhaupt ohne Zuckerzusatz hergestellten Konfitüren möglich. Hauptsächlich sind es daher Schimmelpilze, die zum Produktverderb führen können. Gegen das Entstehen eines Schimmelrasens wirken in erster Linie ein hoher Zuckergehalt und eine gekühlte Lagerung (und– wenn verwendet – ein Konservierungsmittel). In kleinen Gläser ist die Gefahr des Verderbs ebenso geringer, sie sind üblicherweise schneller leer.

Ein rasches Umdrehen nach dem Füllen inaktiviert Keime am Deckel und sorgt für Haltbarkeit.

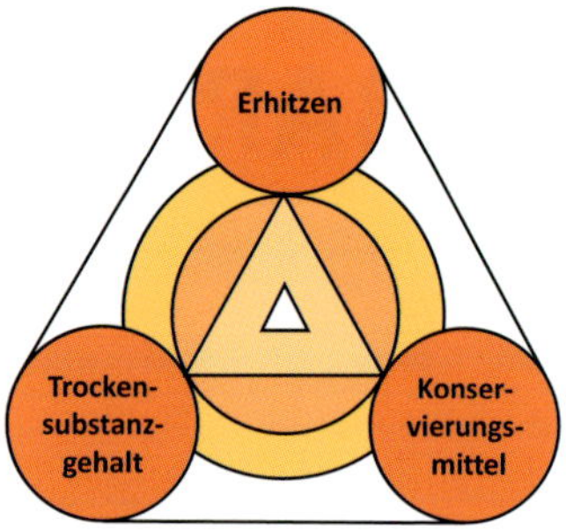

Einflussfaktoren auf die Haltbarkeit
Grafik: Georg Innerhofer

Alternativ zum Umdrehen bringt Nachpasteurisieren in einem Dampfgarer (Konvektomaten) Deckelsterilität. Fotos: Georg Innerhofer

Spezieller Kammerpasteur zum Nacherhitzen der Gläser mit Heißwasser nach dem Prinzip des Einweckens.

FRUCHTZUBEREITUNG ERHITZEN

Erhitzen und die korrekte Heißfüllung sind wesentlich für die Haltbarkeit der ungeöffneten Gläser.

Obwohl Mikroorganismen auf hohe Temperaturen sehr empfindlich reagieren, sterben sie nicht plötzlich bei Überschreiten einer bestimmten Temperatur ab. Das Ausmaß ihrer Inaktivierung ist neben der Temperatur auch zeitabhängig. Je höher die Temperatur und je länger diese gehalten wird, umso mehr Mikroorganismen werden inaktiviert.

Normalerweise kocht man die Fruchtmasse ein paar Minuten vor dem Abfüllen. Der Kochvorgang inaktiviert neben den Mikroorganismen auch einen Großteil der Enzyme der Frucht. Nach dem Erhitzen gilt die Fruchtmasse als praktisch keimfrei, die meisten Formen der Keime (die vegetativen) wurden abgetötet, der Rest (die generativen) durch den niederen pH-Wert (unter 4,5) am Keimen gehindert. Selbst Produkte aus wenig sauren Früchten mit hohem pH-Wert – wie beispielsweise aus Birnen oder Holunderbeeren – liegen unter dieser kritischen Marke.

Bei Konfitüren oder Marmeladen mit Fruchtstücken erfolgt daneben während des Erhitzens bzw. Kochens – dabei sind Temperaturen bis zu 105 °C möglich - der Austausch des Zuckers zwischen Fruchtmasse und Fruchtstücken. Eine zu gering bemessene Kochdauer oder zu große Fruchtstücke verhindern einen ausreichenden Zuckeraustausch. In den Stücken können sich Zonen mit zu niedriger Zuckerkonzentration halten. Sie bergen die Gefahr des Auswässerns, auch die Vermehrung von Mikroorganismen wäre dadurch wieder möglich.

Wichtig ist, dass nach der Kochzeit bei mindestens 80 °C abgefüllt wird.

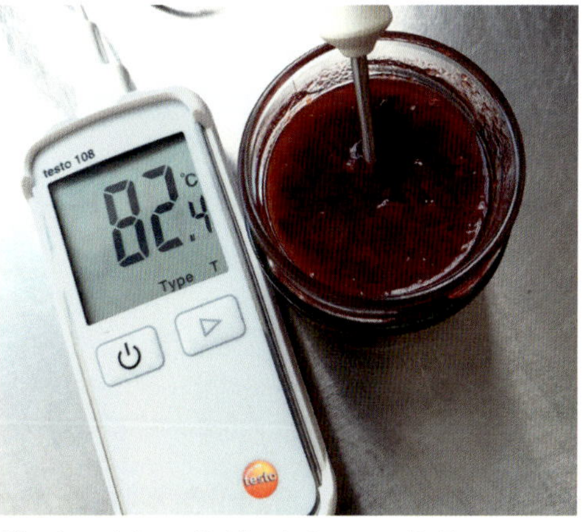

Für eine sichere Haltbarkeit muss die Temperatur der Masse im Glas auch nach dem Füllen über 80 °C betragen. Fotos: Georg Innerhofer

Nicht nur wegen des Gelierens ist es daher wichtig, die vorgegebenen Kochzeiten einzuhalten, sondern auch um die Haltbarkeit zu gewährleisten.

Um vorzeitiges Gelieren zu verhindern, sollte die Fruchtmasse möglichst heiß abgefüllt werden. Durch den Kontakt mit der heißen Masse werden auch die Keime inaktiviert, die noch im Glas vorzufinden sind. Sofortiges Umdrehen nach der Füllung bzw. Nachpasteurisieren zerstört die Keime am Deckel. Je nach Größe des Glases dauert dieser Vorgang bei einer Wasserbadtemperatur von 90 bis 95 °C etwa fünf bis maximal zehn Minuten.

TROCKENSUBSTANZGEHALT ERHÖHEN

Mit steigendem Zuckergehalt verbessert sich die Haltbarkeit.

Mikroorganismen benötigen Wasser, um sich zu vermehren. Je weniger Wasser in einem Lebensmittel enthalten ist, desto unwahrscheinlicher ist es, dass sich Keime darin vermehren und ausbreiten können. Ein hoher Anteil an anderen Stoffen, also eine hohe Trockensubstanz, schützt ein Nahrungsmittel daher besonders gut vor mikrobiellem Verderb.

Die Trockensubstanz umfasst alle Bestandteile eines Lebensmittels, die nach dem vollständigen Verdampfen des Wassers übrigbleiben. Beispielsweise hat eine Frucht mit 10 % gelösten Stoffen und 90 % Wasser einen Trockensubstanzgehalt von 10 %. Der größte Teil dieser Trockensubstanz besteht in der Regel aus Zucker. Deshalb wird der Begriff „Gesamtzuckergehalt" oft mit „Gesamttrockensubstanz" gleichgesetzt. Für Konfitüren, Gelees und Marmeladen schreibt die Konfitüren-Verordnung bestimmte Mindestwerte für die Trockensubstanz vor. Eine entscheidende Grenze liegt bei einem Trockensubstanzgehalt von 63 %: Ab diesem Wert ist das Wachstum von Keimen in Konfitüren und ähnlichen Produkten nicht mehr möglich. Um den Gehalt dieser Trockensubstanz zu erhöhen, muss nicht zwangsläufig Zucker zugesetzt werden. Das Abdampfen von Wasser – also das Eindicken durch langes Kochen – ist eines der ältesten Konservierungsverfahren und steigert ebenfalls den Trockensubstanzgehalt. Damit ein Fruchtbrei ausschließlich durch Wasserentzug haltbar wird, muss er sehr lang gekocht werden, was jedoch Farbe und Geschmack der Früchte stark verändert (wie etwa bei Obstkraut oder Powidl).

Durch das Zugeben von Zucker beim Einmachen steigt der Trockensubstanzgehalt sofort an, sodass das lange Kochen entfällt. Je mehr Zucker verwendet wird, desto höher ist die Trockensubstanz und desto besser ist die Haltbarkeit. Allerdings besteht beim Einmachen das Dilemma, dass zu viel Zucker die Konfitüre unangenehm süß macht, während zu wenig Zucker die Haltbarkeit verringert.

Konfitüren nach dem klassischen 1 : 1-Rezept sind recht gut haltbar. Zuckersparende Varianten (ohne Konservierungsmittel) sollten nach dem Öffnen im Kühlschrank aufbewahrt und rasch verbraucht werden, da sie nicht lange haltbar sind. Viele Gelierhilfen für zuckersparendes Einmachen (2 : 1 oder 3 : 1) enthalten daher die notwendige Menge an Konservierungsmitteln, sodass die Aufstriche auch nach dem Öffnen vor Verderb geschützt sind.

Kristalliner Zucker besteht vollständig aus Trockensubstanz und erhöht diese am stärksten. Kristalline Zuckeraustauschstoffe wie Sorbit, Erythrit oder Xylit enthalten kein Wasser, sodass 1 kg davon tatsächlich 1 kg Trockensubstanz entspricht. Vorsicht ist jedoch bei Sirupen wie Agaven-, Reis- oder Kokosblütensirup geboten, denn sie enthalten nicht nur Trockensubstanz. Auch Honig besteht nur zu etwa 80 % aus Zucker. Solche Sirupe oder Honig können daher nicht einfach durch 1 kg Zucker ersetzt werden, da sie den Trockensubstanzgehalt nicht in gleichem Maße erhöhen. Mit diesen Süßungsmitteln ist es nahezu unmöglich, den Trockensubstanzgehalt einer Konfitüre auf 60 % zu bringen. Süßstoffe wie Aspartam werden nur in sehr geringen Mengen zugesetzt und haben daher keinen Einfluss auf die Trockensubstanz oder die Haltbarkeit.

Der Trockensubstanzgehalt ist vor allem für Hersteller wichtig, die ihre Aufstriche verkaufen möchten. Für den Eigenbedarf spielt dieser Wert – abgesehen von seiner Auswirkung auf die Haltbarkeit – eine eher untergeordnete Rolle.

Trockensubstanzgehalt bestimmen

Der Trockensubstanzgehalt kann mehr oder weniger genau auf drei Arten bestimmt werden:

- Schätzen
- Berechnen
- Messen

Schätzen

Zum Einmachen für den Eigenbedarf ist keine exakte Bestimmung des Trockensubstanzgehaltes notwendig. Wichtig ist es lediglich, diesen Wert etwa abschätzen und damit einen Rückschluss auf die Haltbarkeit ziehen zu können.

Richtwerte für den Trockensubstanzgehalt und Haltbarkeit nach dem Öffnen je nach Rezeptur und etwa vier Minuten Kochzeit, ohne Zusatz von Konservierungsmitteln.

Rezept		Trockensubstanz	Haltbarkeit
1 kg Frucht	1 kg Zucker	etwa 60 %	gut
1 kg Frucht	0,5 kg Zucker	etwa 45 %	weniger gut
1 kg Frucht	0,33 kg Zucker	Etwa 38 %	schlecht

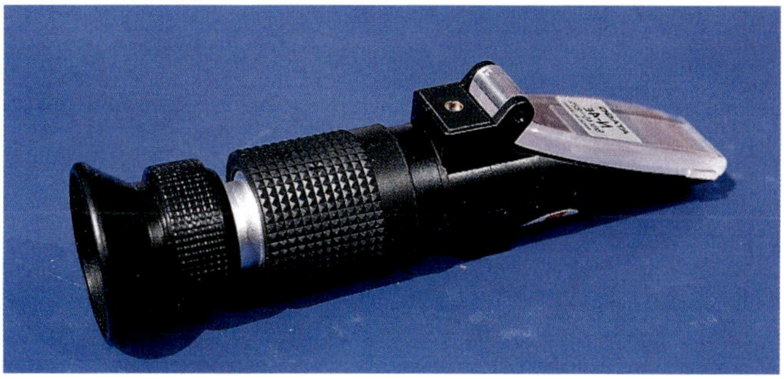

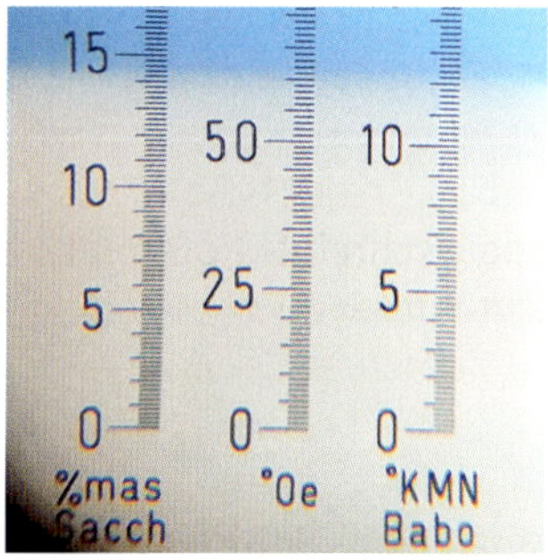

links: Mit einfachen Handrefraktometern misst man den Trockensubstanzgehalt einer Konfitüre. rechts: Der Blick durch das Refraktometer zeigt den Zucker- bzw. Trockensubstanzgehalt in mehreren Einheiten ganz genau an.
Fotos: Georg Innerhofer

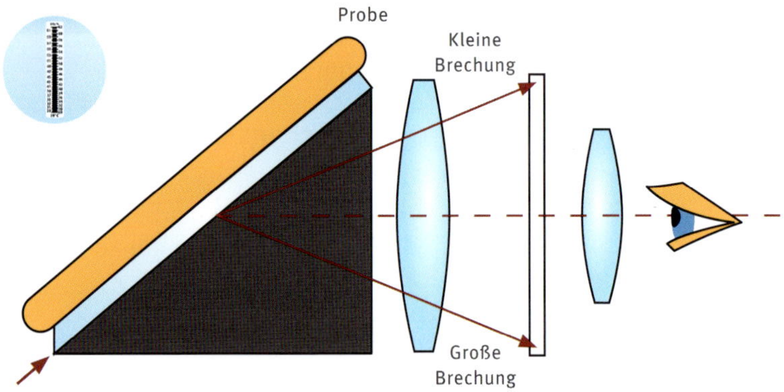

Aufbau eines kleinen Handrefraktometers

Grafik: Werbeagnetur Rypka GmbH; Herbstreith & Fox

Berechnen

Die Berechnung auf Grund der Rezeptur (siehe Anhang) bringt nicht die zur richtigen Verkaufskennzeichnung benötigte Genauigkeit, die Messung ist daher vorzuziehen.

Messen

Zur exakten Bestimmung des Trockensubstanzgehaltes verwendet man ein Refraktometer, ein kleines Gerät, das durch Lichtbrechung eine Messung des Zucker- und damit Trockensubstanzgehaltes ermöglicht. Die Messung im fertigen Fruchtaufstrich ermöglicht eine exakte Angabe am Etikett und ist daher bei allen vermarktenden Betrieben üblich. Je nach Gerät ist der Messbereich unterschiedlich, die Auswahl des Gerätes daher nach dem gewünschten Messbereich zu richten.

Für die Messung muss lediglich eine geringe Menge einer Fruchtzubereitung auf dem Prisma des Refraktometers verstrichen werden. Nach dem Schließen des Deckels schaut man durch das Gerät zu einer Lichtquelle. Im Sichtfeld ist – teilweise im Schatten – eine Skala zu sehen. Auf ihr ist an der Grenze zwischen Licht und Schatten der Gehalt an Trockensubstanz abzulesen.

Befinden sich Feststoffe (Kerne, Fruchtstücke oder ähnliches) oder Luftblasen zwischen Deckel und Prisma, so ist die Licht-Schatten-Grenze nur verschwommen auszumachen, der Wert daher nur ungenau abzulesen. Sehr dunkle Konfitüren (z. B. aus Holunder- oder Heidelbeeren) erschweren das Ablesen. Es braucht etwas Übung, um den genauen Wert zu erkennen.

Wichtig für eine genaue Bestimmung ist außerdem die Temperatur. Nahezu alle Refraktometer haben ihre größte Genauigkeit bei einer Messtemperatur von 20 °C. Mit steigender Temperatur sinkt die Dichte des Produkts, der Messwert stimmt nicht mehr. Bei heißen Konfitüren oder Gelees kann man daher keine genaue refraktometrische Messung durchführen. Mitentscheidend für die Genauigkeit ist die Reinigung des Refraktometers nach erfolgter Messung. Eingetrocknete Produktreste am Prisma führen zu gravierenden Messfehlern.

KONSERVIERUNGSMITTEL ZUSETZEN

Durch den Zusatz von Konservierungsmitteln bleiben Konfitüren & Co. auch mit wenig Zucker im Rezept lange haltbar.

Vielen Liebhabern von Fruchtaufstrichen sind 1 : 1 eingekochte Konfitüren zu süß. Sie wünschen sich einen Aufstrich mit höherem Fruchtgehalt (und damit niedrigerem Zuckergehalt), der dennoch haltbar ist. Bei herkömmlichen Fruchtaufstrichen mit weniger als 63 % Trockensubstanz ist zu beachten, dass sie nach dem Öffnen auch im Kühlschrank nur mehr begrenzt haltbar sind.

Setzt man ein Konservierungsmittel zu, sind aber auch zuckerarme Produkte über einen längeren Zeitraum hinweg haltbar. Viele Einkochhilfen für zuckerreduzierte Erzeugnisse beinhalten bereits Konservierungsmittel in der jeweils richtigen Dosierung. Aufschluss darüber gibt das Zutatenverzeichnis, darin sind neben den anderen Zutaten auch Konservierungsmittel entweder namentlich oder mit der sogenannten E-Nummer angeführt.

Momentan sind bei zum Verkauf bestimmten zuckerarmen Konfitüren, Gelees und Marmeladen die Konservierungsmittel Benzoesäure bzw. Sorbinsäure und ihre jeweiligen Salze (z. B. Kaliumsorbat) gestattet. Die diesen Stoffen entsprechenden E-Nummern sind: 200, 202, 203, 210, 211, 212 und 213.

Zitronensäure ist kein Konservierungsmittel, ihr Zusatz hat keinen Einfluss auf die Haltbarkeit!

Die Verwendung von Konservierungsmitteln bzw. von Einkochhilfen, die diese enthalten, ist aber auch bei zuckerarmen Erzeugnissen nicht unbedingt notwendig. Durch den Kochvorgang und die Heißfüllung sind normalerweise keine keimfähigen Mikroorganismen mehr im Glas, so dass der Aufstrich damit haltbar ist. Nach dem Öffnen müssen diese Produkte aber gekühlt gelagert und rasch verzehrt werden.

Tipp: Für zuckerarme, nicht konservierte Konfitüren oder Gelees kleinere Gläser wählen! Sie sind meistens leer, noch bevor sie verderben können.

Für die meisten eingekochten Produkte ist die Kombination aus Erhitzen und Erhöhung der Trockensubstanz (Zuckerzusatz) entscheidend für die Haltbarkeit. Mit dem bei herkömmlicher Herstellungsweise üblichen Erhitzen und Kochen inaktiviert man alle Verderbniserreger (Schimmel und Hefen) und produktverändernden Enzyme, die von der Frucht stammen.

Durch die Heißfüllung finden die Keime im Glas (und am Deckel) ihr Ende. Erst nach dem Öffnen gelangen erneut Keime ins Glas. Bei ausreichend hoher Trockensubstanz (um die 60 %) stellt auch das kein Haltbarkeitsproblem dar. Liegt der Wert darunter, muss das angebrochene Glas zumindest im Kühlschrank gelagert werden, um vor raschem Verderb geschützt zu sein. Je geringer der Gehalt an Trockensubstanz, desto begrenzter ist die Lagerfähigkeit. Nur mit Konservierungsmitteln versetzte Aufstriche sind nahezu unabhängig von Trockensubstanzgehalt und Lagertemperatur haltbar.

Foto: freepik/azerbaijan_stockers

GRUNDREZEPTE

Im folgenden Teil finden Sie Grundrezepte für die gängigsten Herstellungsarten. Beginnend mit der einfachsten und ältesten Art des Einkochens, der ohne Zuckerzusatz, hin zur Verwendung moderner Einkochhilfen oder von Algenprodukten zum Gelieren, sind die mir bekannten Arten des Einmachens von Früchten erwähnt.

Wesentliche Unterschiede in der Reihenfolge der Zutaten finden Sie hier ebenso wie die Auswirkungen der einzelnen Herstellungsarten auf die Haltbarkeit oder die Qualität.

REZEPTE OHNE ZUCKERZUSATZ

Wohl noch aus der Zeit, in der Zucker nicht verfügbar oder sehr teuer war, stammt die älteste Form des Einkochens von Früchten. In manchen Regionen haben sich diese traditionellen Rezepte gehalten und gelten heute als Spezialität.

Durch stundenlanges Kochen verdampft so viel Wasser, dass im immer dickflüssiger werdenden Früchtebrei der Trockensubstanzgehalt ansteigt. Heute erfolgt das Einmachen der Früchte nur noch selten auf diese Art. Während in Österreich „Powidl" noch Bedeutung hat, ist es in Deutschland das „Obstkraut" aus Apfel- oder Birnensaft aber vor allem „Latwerge", das im südwestdeutschen Raum als Spezialität betrachtet wird. Durch stundenlanges Kochen gehen die meisten der feinen Fruchtaromen verloren. Die frische Farbe der Früchte verändert sich immer mehr in Richtung rotbraun oder schwarz. Gekocht wird, bis der Trockensubstanzgehalt um 60 % liegt. Die Masse lässt sich dann nur mehr schwer im Topf rühren und ist etwa auf ein Sechstel des ursprünglichen Volumens eingedickt. Es entsteht eine tiefdunkle Masse, die in Aussehen und Geschmack nur noch wenig an die Ausgangsfrucht erinnert. Die Haltbarkeit dieser Produkte beruht ausschließlich auf dem Kochvorgang und dem hohen Gehalt an Trockensubstanz, der das Wachstum von Mikroorganismen verhindert.

Zutaten

Ausschließlich Früchte

Herstellung

- Die vorbereiteten Früchte gibt man in einen weiten Topf und stellt diesen auf die Kochplatte.
- Nun können die Früchte – wenn nicht schon vorher geschehen – noch weiter zerkleinert, eventuell auch püriert werden.
- Unter ständigem Rühren wird auf kleiner Flamme so lange gekocht, bis sich die Masse vom Topf löst beziehungsweise auf etwa ein Sechstel eingedickt ist (kann stundenlang dauern). Bei zu großer Flamme spritzt die Fruchtmasse mitunter und sorgt auf der Haut für schmerzhafte Brandblasen.
- Achtung: Vor allem gegen Ende neigen Fruchtmassen zum Anbrennen!
- In vorbereitete Gläser abfüllen.
- Bei ausreichend Trockensubstanz monatelang haltbar.

REZEPTE NUR MIT ZUCKERZUSATZ

Mit der Möglichkeit, Zucker beim Einmachen zuzusetzen, gelang ein wichtiger Schritt der Qualitätsverbesserung. Man musste nicht mehr so lange einkochen, bis der Trockensubstanzgehalt aus der Frucht nur durch das Kochen so weit aufkonzentriert war. Man konnte diesen Prozess durch Zuckerzusatz beschleunigen und damit Farbe und Aromen der Frucht besser erhalten.

Das Prinzip war einfach: Man mischte Früchte mit Zucker und kochte sie unter ständigem Rühren so lange, bis die Masse fest wurde. Bei manchen Fruchtarten führte das sogar dazu, dass die Masse von selbst fest wurde – bei anderen nicht. Das Gelieren war aber auch nicht so wichtig, denn es reichte, wenn die Masse dickflüssig wurde – wie bei Latwerge oder Powidl, traditionellem Zwetschkenmus.

Der traditionelle Germknödel ist mit Powidl gefüllt. Foto: Wolfgang Hummer

Man konnte die Kochzeit, bis es zum Gelieren kommt, etwas durch das Mischen verschiedener Obstsorten verkürzen. Früchte, die wenig von dem natürlichen Gelierstoff (Pektin) enthalten, wurden mit pektinreichen Sorten wie Johannisbeeren oder Stachelbeeren kombiniert. Dadurch wurde die Masse schneller fest.
Dennoch musste so lange gekocht werden, bis die Masse ausreichend Zucker bzw. Trockensubstanz für die Haltbarkeit aufwies. Somit bestand noch immer der Nachteil, dass durch die lange Kochzeit sowohl der Geschmack als auch die Farbe der Früchte litten.

Diese Methode war in vielen Gebieten bis zur Verfügbarkeit von Gelierzucker die einzige Möglichkeit der Fruchtaufstrichbereitung.

Zutaten

Früchte und Zucker nach Bedarf und Belieben

Herstellung

- Die vorbereiteten Früchte gibt man in einen weiten Topf und stellt diesen auf die Kochplatte.
- Nun können die Früchte – wenn nicht schon vorher geschehen – noch weiter zerkleinert, eventuell auch püriert werden.
- Zucker langsam unter ständigem Rühren zusetzen und aufkochen.
- Bis zur entsprechenden Konsistenz bzw. zum notwendigen Trockensubstanzgehalt weiterkochen.
- In vorbereitete Gläser abfüllen.

REZEPTE MIT REINEM PEKTIN

Mit der Verfügbarkeit von Pektin als Geliermittel hat sich die Herstellung von Marmeladen und Gelees grundlegend verändert. Wo früher sehr lang gekocht wurde, um die Masse zum Gelieren zu bringen – bei pektinarmen Früchten oft vergeblich – erleichterte ein Geliermittel die Arbeit erheblich und tut es noch heute. Die Kochzeit verkürzt sich auf wenige Minuten, was Farbe und Aroma schont. Zudem ist man bei der Fruchtauswahl nicht mehr auf pektinreiche Sorten angewiesen – das eröffnet neue kreative Möglichkeiten bei Fruchtkombinationen.

Pektin ist nach wie vor das am häufigsten am Markt anzutreffende Geliermittel, egal ob aus Äpfeln, Zitrusfrüchten oder Zuckerrüben gewonnen. Um ein Zusammenklumpen vom pulverförmigen Pektin zu verhindern beziehungsweise auch, um die Gelierkraft zu standardisieren, sind viele Pektin-Handelspräparate mit Zucker, Stärke oder anderen Trennmitteln gemischt. Ob die jeweilige Gelierhilfe bereits mit etwas vermengt ist oder nicht, ist aus der Zutatenliste beziehungsweise der Anwendungsvorschrift zu ersehen. Je nach angestrebtem Endprodukt können verschiedene Pektintypen gewählt werden, am häufigsten sind aber solche anzutreffen, die eine ausreichende Gelierkraft von sehr zuckersparend bis sehr süß zeigen.

Pektin löst sich in der Fruchtmasse nur auf, wenn diese weniger als 25 % Trockensubstanz hat. Also muss Pektin zugesetzt werden noch bevor die komplette Zuckermenge eingerührt wurde. Setzt man Pektin erst nach dem Zucker zu, löst es sich nicht mehr richtig auf. Ein Verlust an Gelierkraft, eine grießige Konsistenz oder Pektinklumpen sind die Folge.

Damit sich keine Klümpchen bilden, wird das Pektin der Fruchtmasse schon vor dem Zucker zugesetzt. Die Mischung wird dann erhitzt, und erst nach etwa drei bis vier Minuten bei mindestens 80 °C – wenn sich das Pektin vollständig aufgelöst hat – gibt man den Zucker dazu. Löst man das Pektin nicht richtig auf, kann das zu Schwierigkeiten beim Gelieren führen und die Konfitüre eine grießige Konsistenz bekommen.

Pektin geliert am besten in einer sauren Umgebung. Damit das Gelieren aber nicht schon im Kochtopf beginnt, wird eventuell benötigte Säure erst ganz am Ende, kurz vor der Gelierprobe und dem Abfüllen, hinzugegeben.

Zutaten

Frucht, Süßungsmittel, Pektin, Säuerungsmittel bei Bedarf

Herstellung

- Die vorbereiteten Früchte gibt man in einen weiten Topf und stellt diesen auf die Kochplatte.
- Nun können die Früchte – wenn nicht schon vorher geschehen – noch weiter zerkleinert, eventuell auch püriert werden.
- Pektin nach Anwendungsvorschrift mit einem Teil (max. ein Viertel) des Zuckers klumpenfrei einrühren und erhitzen (mindestens drei Minuten bei 80 °C).
- Hauptmenge des Zuckers langsam unter ständigem Rühren zusetzen.
- Aufkochen.
- Bei Bedarf Säuerungsmittel zusetzen.
- Bis zur gelungenen Gelierprobe weiterkochen.
- In vorbereitete Gläser abfüllen.

REZEPTE MIT GELIERHILFEN

Ursprünglich war nur reines Pektin als Geliermittel erhältlich. Um den Arbeitsaufwand beim Einmachen weiter zu erleichtern, entwickelte man bald fertige Mischungen zum Einmachen. Als erstes gab es Gelierzucker 1 : 1, eine gebrauchsfertige Kombination aus Zucker, Pektin und Zitronensäure zu kaufen. Später folgte der Gelierzucker 2 : 1, bei dem durch geänderte Pektinformulierungen und Zugabe eines Konservierungsmittels eine zuckerärmere Zubereitung möglich wurde. Aus dem Wunsch heraus, mit noch weniger Zucker einzukochen, entstand schließlich der Gelierzucker 3 : 1, der besonders fruchtige Ergebnisse liefert.

Für alle, die das Süßungsmittel lieber selbst bestimmen möchten, kamen sogenannte Gelierhilfen ohne Zucker auf den Markt. Diese enthalten nur das Geliermittel (meist Pektin), ein Säuerungsmittel (z. B. Zitronen- oder Weinsäure) und je nach Produkt ein Konservierungsmittel – oder auch nicht. Mit diesen ist im gewissen Rahmen ein Experimentieren mit verschiedenen Zuckerarten und Trockensubstanzgehalten möglich.

Hinweis: Diese Produkte sind genau auf bestimmte Frucht-Zucker-Verhältnisse abgestimmt – sei es 1 : 1, 2 : 1 oder 3 : 1. Deshalb sollte man sich unbedingt an die auf der Verpackung angegebene Anwendungsvorschrift halten. Nur so ist sichergestellt, dass das Gelieren zuverlässig funktioniert. Das Zutatenverzeichnis und die meist beiliegende Musterrezeptur geben dabei wertvolle Hinweise. Aus eigener Erfahrung kann ich sagen: Wer sich an diese Angaben hält, wird mit einem gelungenen Ergebnis belohnt!

Zutaten

Früchte, Gelierzucker oder Gelierhilfe und Zucker bzw. Süßungsmittel

Benötigte Mengen für Rezepte mit Gelierhilfen

	1 : 1	2 : 1	3 : 1
mit Gelierzucker			
Frucht	1 kg	1 kg	1,5 kg
Gelierzucker	1 kg	500 g	500 g
mit Gelierhilfe			
Frucht	1 kg	1 kg	1 kg
Gelierhilfe	für 1 kg Frucht		
Zucker*	1 kg	500 g	330 g

* oder anderes kristallines Süßungsmittel bzw. eine angepasste Menge Honig oder Sirup

Herstellung

- Die vorbereiteten Früchte gibt man in einem weiten Topf und stellt diesen auf die Kochplatte.
- Nun können die Früchte – wenn nicht schon vorher geschehen – noch weiter zerkleinert, eventuell auch püriert werden.
- Gelierzucker bzw. Gelierhilfe und Süßungsmittel gemäß Anwendungsvorschrift langsam unter ständigem Rühren einrühren und erhitzen.
- Bei Bedarf Säuerungsmittel zusetzen.
- Bis zur gelungenen Gelierprobe kochen.
- In vorbereitete Gläser abfüllen.

REZEPTE MIT AGAR-AGAR

Agar-Agar ist ein Geliermittel, das nahezu unabhängig vom Trockensubstanzgehalt geliert. Mehr Einfluss hat der pH-Wert. Je saurer die Früchte sind, desto weniger gut kann es ein Gel ausbilden. Meistens kann man diese Gelierschwierigkeiten durch entsprechend mehr Agar-Agar ausgleichen. Sie können daher Art und Menge vom Süßungsmittel nach Belieben auswählen.

Zutaten

Früchte, Süßungsmittel, Agar-Agar

Herstellung

- Die vorbereiteten Früchte fein zerkleinern, mit dem Süßungsmittel versetzen und gut durchmischen.
- Einem kleinen Teil der Fruchtmasse (oder statt dieser etwas Wasser) wird Agar-Agar zugesetzt und das Ganze gut verrührt.
- Am besten eignet sich dafür eine Tasse und zum Rühren ein Quirl, Mixer oder Schneebesen. Die empfohlene Einsatzmenge von gemahlenem Agar-Agar variiert von Präparat zu Präparat, liegt aber in etwa bei einem Esslöffel je 500 ml.
- Die restliche Fruchtmasse mit dem Süßungsmittel erhitzen.
- Anschließend die Geliermischung aus der Tasse in den Topf einrühren und für etwa 2–3 Minuten sprudelnd kochen.
- In vorbereitete Gläser abfüllen.

REZEPTE OHNE KOCHEN

Fruchtaufstriche lassen sich auch ganz ohne Erhitzen zubereiten. Besonders gut eignen sich dafür Beerenfrüchte wie Erdbeeren, Himbeeren, Heidelbeeren oder Brombeeren – sie haben von Natur aus ein intensives Aroma und lassen sich leicht verarbeiten. Da bei dieser Methode auf das Kochen verzichtet wird, bleiben Geschmack, Farbe und Vitamine der Früchte zumindest für kurze Zeit besser erhalten als bei der klassischen Zubereitung.

Die klassische Gelbildung findet nicht statt. Die gewünschte Verdickung erfolgt unabhängig vom Zuckergehalt. Das macht sie ideal für zuckerreduzierte oder sogar zuckerfreie Varianten. Letzteres eher nur für hartgesottenen, denn die meisten Beerenobstarten beinhalten recht viel Säure.

Für die Bindung kommen alternative Geliermittel wie Chiasamen, Leinsamen, Flohsamenschalen oder pflanzliche Verdickungsmittel (z. B. Guarkernmehl- oder Johannisbrotkernmehl) zum Einsatz.

Da bei dieser Zubereitungsweise der für die Haltbarkeit so wichtige Kochvorgang entfällt, ist die Hygiene besonders entscheidend. Die verwendeten Früchte sollten unbedingt sauber und frei von verdorbenen Stellen sein. Je weniger Zucker oder Süßungsmittel beim Einmachen verwendet wird, umso weniger kann auch dieser die Haltbarkeit verlängern und vor Verderb schützen. Selbst Enzyme bleiben alle aktiv – sie beschleunigen den Abbau von Farbe, Geschmack und Konsistenz.

Kaltgerührte Aufstriche sind nur kurz haltbar und müssen unbedingt im Kühlschrank aufbewahrt sowie innerhalb von wenigen Tagen verbraucht werden. Am besten stellt man nur kleine Mengen oder noch besser nur nach Bedarf her. Wer dennoch Vorräte anlegen möchte, sollte lieber die Früchte einfrieren und die Konfitüre dann frisch zubereiten – so bleibt die Qualität am besten erhalten.

Frieren Sie frische Früchte in kleinen Portionen ein – so können Sie jederzeit eine frische kaltgerührte Konfitüre zubereiten, ganz nach Bedarf und mit voller Frische!

Zutaten

Früchte, Verdickungsmittel, evtl. Süßungsmittel

Herstellung

- Vorbereitete Früchte zerkleinern.
- Mit dem Verdickungsmittel vermischen.
- Eventuell einige Male in der nächsten Stunde umrühren.
- In die vorbereiteten Gläser abfüllen.
- Gekühlt lagern.

TIPPS, DAMIT DAS EINMACHEN SICHER GELINGT

- Achten Sie generell auf Sauberkeit, beginnend von den Früchten über Ihre Geräte hin bis zu den Gläsern. Sauberkeit ist eine Grundvoraussetzung für das Gelingen der Rezepte und die Haltbarkeit der Produkte.
- Halten Sie stets die Mengen ein, die im Rezept oder auf der Gebrauchsanweisung von Geliermitteln angegeben sind. Stimmt das Mengenverhältnis Frucht zu Zucker nicht, können Schwierigkeiten beim Gelieren die Folge sein.
- Kochen Sie nur kleine Mengen ein. Je kürzer die Hitzeeinwirkung ist, desto mehr werden Inhalts-, Geschmacks- und Farbstoffe geschont.
- Halten Sie vorgeschriebene Kochzeiten ein. Die meisten Geliermittel benötigen die angegebene Kochzeit, um überhaupt gelieren zu können.
- Rühren Sie während des Erhitzens und der gesamten Kochzeit ständig um.
- Füllen Sie die Konfitüre – um böse Überraschungen zu vermeiden – erst nach gelungener Gelierprobe ab.
- Schöpfen Sie Schaum von der Masse ab, und rühren Sie ihn nicht ein.
- Füllen Sie die Gläser möglichst randvoll ab, und verschließen Sie die Gläser, wenn möglich, mit Drehdeckeln.
- Stellen Sie Konfitüren nach dem Füllen auf den Kopf, um Deckel und Luft im Kopfraum zu sterilisieren, bzw. pasteurisieren Sie die fertig gefüllten und verschlossenen Gläser nach.
- Bringen Sie nach dem Abkühlen an den Gläsern Etiketten an.

Foto: Georg Innerhofer

HÄUFIGE FEHLER UND IHRE URSACHEN

Wenn Sie sich immer an die Grundrezepte halten, kann im Normalfall nicht allzu viel schiefgehen. Doch andererseits, wem noch nie etwas misslungen ist, der hat noch nie eingekocht. Problematisch wird die Geschichte aber dann, wenn es öfters danebengeht und - noch schlimmer - wenn man nicht weiß, warum.

Im folgenden Teil sind die häufigsten Fehler und ihre Ursachen zusammengefasst.

SCHIMMELBILDUNG

Das Auftreten von Schimmelpilzen ist die häufigste Ursache für den Verderb von Fruchtaufstrichen. Ursachen und Häufigkeit sind dabei unterschiedlich.

Schimmel kann auftreten, weil:
- undichtes Glas
- zu wenig Kochzeit
- zu wenig Zucker
- zu lange offen

Schimmelbildung bei Konfitüren kann auftreten:
- im noch original verschlossenen Glas
- im bereits geöffneten Glas

Tritt Schimmel bereits im verschlossenen Glas auf, liegt meist ein Fehler bei der Herstellung oder beim Verschließen vor. Häufige Gründe sind ein zu geringer Zuckergehalt im Rezept, eine zu kurze Kochdauer oder ein undichtes Glas. Besonders bei Twist-off-Deckeln besteht die Gefahr, dass sie nach zu festem Zudrehen oder bei der Wiederverwendung bereits gebrauchter Deckel nicht mehr richtig abdichten. Verbogene oder „überdrehte“ Deckel sind nicht mehr zuverlässig dicht und sollten daher entsorgt werden.

Wenn Gläser jedoch korrekt heiß befüllt, sofort verschlossen und entweder auf den Kopf gestellt oder nach dem Füllen nachpasteurisiert werden, ist das Risiko für Schimmelbildung im verschlossenen Glas äußerst gering.

Deutlich häufiger findet man Schimmel jedoch in bereits geöffneten Gläsern. Sobald das Glas geöffnet wird, können durch

Kontakt mit der Luft oder durch den Marmeladenlöffel Schimmelsporen ins Glas gelangen. Besonders zuckersparend eingemachte Konfitüren ohne zugesetzte Konservierungsmittel sind nach dem Öffnen anfällig für Schimmel, selbst wenn sie im Kühlschrank gelagert werden. Die kühle Lagerung verlangsamt zwar das Wachstum, verhindert es aber nicht. Da diese sogenannten Leichtkonfitüren keinen ausreichenden Schutz bieten, empfiehlt es sich, sie in kleine Gläser abzufüllen, damit sie verbraucht werden, bevor sie verderben können.

Ein hoher Zuckergehalt verringert das Risiko bzw. verlangsamt die Entwicklung vom Schimmelpilz mehr oder weniger. Nur zugesetzte Konservierungsmittel verhindern dauerhaft die Entstehung von Schimmelrasen. Fehlt dieser Schutz, kann sich Schimmel besonders leicht an der Oberfläche der Konfitüre bilden, da die meisten Schimmelarten Sauerstoff zum Wachsen benötigen. Ein Schimmelrasen ist daher meist zuerst an der Oberfläche sichtbar.

Die Pilzfäden des Schimmels können sich durch den gesamten Glasinhalt ziehen, auch wenn der Schimmelrasen nur an der Oberfläche sichtbar ist. Das bloße Entfernen der sichtbaren Schimmelschicht reicht daher nicht aus, um das Produkt sicher zu machen. Manche Schimmelarten produzieren zudem Giftstoffe, sogenannte Mykotoxine, die in die Konfitüre übergehen können. Zwar besteht beim Verzehr von angeschimmelter Konfitüre in der Regel keine akute Gefährdung, da die unbekömmlichen Substanzen immer in der Nähe vom Schimmelrasen sind und beim Abschöpfen mit entfernt werden. Um jede Gefährdung auszuschließen, sollten angeschimmelte Konfitüren, Gelees oder Marmeladen grundsätzlich nicht mehr verzehrt werden.

Im originalverschlossenen Glas weist Schimmel auf einen Produktionsfehler hin.

Bei Schimmel in geöffneten Gläsern hat man das Glas nicht gekühlt gelagert oder zu langsam verbraucht. Fotos: Georg Innerhofer

ZU SCHWACHES GELIEREN

Kann auftreten, weil:
- zu kurze Kochzeit
- zu wenig Zuckergehalt
- falscher pH-Wert
- zu wenig Geliermittel

Mitunter passiert es, dass bei der Verwendung von fertigen Gelierhilfen die Gelierprobe nicht gelingen will. In vielen Fällen ist lediglich die Kochzeit zu gering bemessen. Diese beginnt erst mit dem Zeitpunkt, wo der Topfinhalt wallend zu kochen anfängt. Steigen nur an einer Stelle Blasen auf, zählt das noch nicht zur Kochzeit.

Wenn die Gelierprobe auch nach der angegebenen Kochzeit noch nicht gelingt, kochen Sie die Konfitüre einfach noch weiter. Durch den weiteren Kochvorgang steigt der Gehalt an Trockensubstanz weiter an und soll nach wenigen weiteren Minuten zum Gelingen der Gelierprobe führen. Sollten alle Versuche scheitern, ist der letzte Ausweg der neuerliche Zusatz eines Geliermittels, was vorerst zum Gelieren und manchmal nach dem Auskühlen zu sehr festen Aufstrichen führt.

Bei Früchten mit sehr hohem oder sehr tiefem pH-Wert kann es ebenfalls zu Schwierigkeiten beim Gelieren kommen. Wenn Sie Früchte einkochen, die einen ziemlich hohen pH-Wert haben (3,6 oder mehr), kann es Schwierigkeiten mit dem Gelieren vom Pektin geben. Setzen Sie ihrer Fruchtmischung noch etwas Saures (kristalline Säure oder Zitronensaft) zu, und kochen Sie bis zum Gelingen der Gelierprobe weiter.

Pektin als Geliermittel ist sehr säuretolerant, so kann es fast nicht vorkommen, dass die Fruchtmasse zu sauer zum Gelieren ist. Ausgenommen davon sind extrem saure Früchte wie für Zitronen oder Rhabarber, bzw. Mischungen mit diesen. Hier kann es durch den tiefen pH-Wert zu Problemen beim Gelieren kommen. Mischen Sie einfach schon vor dem Kochen ein paar weniger saure Früchte, wie milde Äpfel dazu.

Anders ist der Fall bei sehr sauren Früchten und Agar-Agar als Geliermittel. Wird die Masse im Glas nicht fest, war möglicherweise die Dosierung zu gering oder der pH-Wert der Fruchtzubereitung zu niedrig. Leeren Sie die Gläser aus und setzen Sie nochmals Agar-Agar zu, aber auf keinen Fall Säure. Kochen Sie dann nochmals auf und füllen Sie die Masse nach wenigen Minuten Kochzeit wieder in die Gläser ab.

Nicht gelierte Konfitüre aus dem Weingartenpfirsich. Sie ist zu dünn. Foto: Georg Innerhofer

ZU STARKES GELIEREN

Kann auftreten, weil:
- alles perfekt gepasst hat
- zu viel Geliermittel

Es kommt zwar nur selten vor, dass die Konfitüre als zu fest erscheint. Passieren kann das, wenn die für das Gelieren notwendigen Bedingungen gegeben sind, und von der Frucht her noch viel fruchteigenes Pektin kommt. Oder wenn Sie zu viel Geliermittel zugesetzt haben. Die meisten verwenden immer das gleiche Geliermittel, daher einfach bei der nächsten Charge die Dosierung verringern.

Zerreißt das Brot beim Verstreichen, ist die Konfitüre zu fest. Foto: Georg Innerhofer

„BLUTEN" DER KONFITÜRE

Kann auftreten, weil:
- nicht richtig geliert
- zu kurze Kochzeit
- zu wenig Pektin
- falscher pH-Wert
- zu kaltes Befüllen

Die Erscheinung, dass Konfitüren im Glas eine wässrige Flüssigkeit abgeben, nennt man Synärese, oder auch das „Bluten" der Konfitüre. Die Ursachen für diese Erscheinung können vielfältig sein, generell ist es auf eine Schwäche des Gels zurückzuführen, es kann dabei das Wasser oder den Saft der Früchte nicht richtig binden. Hervorgerufen werden kann diese im speziellen durch einen nicht passenden pH-Wert, zu wenig Pektin (Geliermittel), zu kurze Kochzeit oder eine zu niedrige Temperatur beim Abfüllen. Letzteres geschieht, wenn die Konfitüre im Topf schon abkühlt und leicht mit dem Gelieren beginnt. Rührt man dann noch um und füllt in die Gläser ab, bricht das bereits werdende Gel und kann die Flüssigkeit nicht mehr richtig halten.

Bluten von Konfitüren sorgt für Flüssigkeit im Glas. Foto: Georg Innerhofer

SCHLECHTE FRUCHTSTÜCKEVERTEILUNG

Kann auftreten, weil:
- zu langsam geliert
- zu große Fruchtstücke
- zu geringe Kochzeit

Vor allem bei größeren Fruchtstücken im Aufstrich passiert es, dass diese im Glas beim Auskühlen aufsteigen und dann nicht gleichmäßig im Glas verteilt sind.

Nach dem Abfüllen werden Marmeladengläser häufig auf den Kopf gestellt, um eventuell am Deckel haftende Keime durch die heiße Masse abzutöten. Gleichzeitig steigen dabei die Fruchtstücke im Glas nach oben in diesem Fall in Richtung Boden vom Glas. Dieser Effekt des Aufsteigens wird „Floating" genannt und ist unerwünscht.

Ein Hin- und Herdrehen der Gläser während des Abkühlens, klingt zunächst gut, erweist sich aber in der Praxis als unpraktisch. Das ständige Wenden stört den Gelierprozess und erschwert es, den richtigen Zeitpunkt für ein endgültiges Umdrehen zu erkennen.

Es gibt jedoch verschiedene Möglichkeiten, den „Schwimmflügerleffekt" zu vermeiden. So sorgen spezielle Pektine bereits während des Kochens für eine erhöhte Viskosität, wodurch das Aufsteigen der Fruchtstücke verhindert wird. Alternativ kann man die Fruchtstücke kleiner schneiden oder die Kochzeit verlängern. Dadurch gleichen sich die Zuckergehalte zwischen den Fruchtstücken und der umgebenden Flüssigkeit besser an – das reduziert den Auftrieb und die Fruchtstücke verteilen sich gleichmäßiger im Glas. Ein Einzuckern der Früchte schon Stunden vor dem Einkochen zum Angleichen des Zuckergehalts halte ich aufgrund der auftretenden Oxydation nicht für sinnvoll.

Je mehr Fruchtstücke enthalten sind, desto leichter gelingt eine gleichmäßige Verteilung, da sie sich gegenseitig in ihrer Bewegung nach oben hemmen.

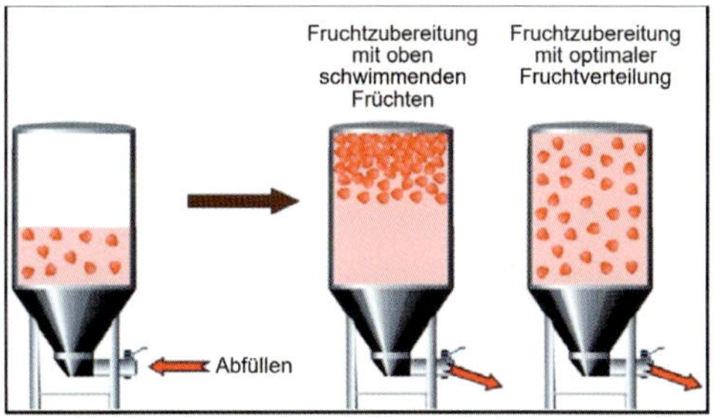

Beim Floating steigen Fruchtteile im Glas auf.
Grafik: Herbstreith & Fox

Nach dem Auskühlen und Zurückdrehen der Gläser sind die Fruchtstücke schlecht verteilt.
Foto: pixabay/azalinka

Foto: unsplash/Rob Wicks

REZEPTE

Mit dem Wissen aus den vorangegangenen Kapiteln lässt sich aus nahezu jeder Frucht, mit jedem Süßungsmittel und in nahezu jedem gewünschten Zuckergehalt ein wohlschmeckender Aufstrich herstellen – vorausgesetzt, die Wahl und Dosierung des Geliermittels wird entsprechend angepasst. Ob klassisch mit Gelierzucker, individuell mit selbst gewählter Süße und passender Gelierhilfe, oder modern mit alternativen Bindemitteln – die Möglichkeiten sind nahezu unbegrenzt.

Genau deshalb können Rezepte oft nur als Denkanstoß oder Orientierung dienen. Sie zeigen mögliche Kombinationen auf, ersetzen aber nicht das Verständnis für die Zusammenhänge von Frucht, Zucker, Säure und Geliermittel. Wer diese Grundlagen kennt, kann selbstsicher eigene Rezepte entwickeln oder bestehende kreativ abwandeln.

Trotz dieser Vielfalt zeigt die Praxis: Nach vielen Versuchen greifen die meisten Hobby-Köchinnen und -Köche gerne auf Bewährtes zurück. So stammen die meisten hausgemachten Konfitüren und Aufstriche, die ich in den letzten Jahren gesehen habe, aus Klassikern wie Marille, Erdbeere, Himbeere oder Heidelbeere. Und das völlig zu Recht – diese Früchte sind nicht nur geschmacklich beliebt, sondern lassen sich auch besonders gut verarbeiten.

Dabei muss nicht jede neue Idee gleich ein wildes Experiment sein. Nicht alles passt mit allem zusammen – aber wer die Grundlagen beherrscht, kann seine Favoriten gezielt verfeinern und anpassen. Ob weniger Zucker, andere Süße, neue Fruchtkombinationen oder alternative Geliermethoden: Die Möglichkeiten sind offen – das Gelingen liegt in Ihrer Hand.

Die Rezepte sind bewusst mit vielen unterschiedlichen Zutaten geschrieben worden. Sehen Sie die Rezepte als Idee und verwenden Sie Süßungsmittel und Geliermittel bzw. Säuerungsmittel und Stoffe zum Abrunden nach Wahl und Vorliebe.

In nahezu allen Rezepten, auch in diesem Ratgeber sind die Mengenangaben in runden Zahlen genannt, z. B. „1 kg Himbeeren“. Doch wer hat schon immer genau diese Werte?

In der Praxis geht man in den Garten und kommt mit den frisch geernteten Beeren zurück. Heute mit 0,8 kg und morgen mit 1,3 kg. Wie passe ich nun mein Rezept an?

Hinweise zu den Rezepten:

- Die Mengenangaben bei den Früchten beziehen sich auf bereits vorbereitete Früchte (geschält oder entkernt).
- Zucker lässt sich in jedem Rezept durch eine kristalline Alternative ersetzen.
- Zitronensäure ist sehr geläufig. In jedem Rezept könnte man sie gegen eine Alternative ersetzen.
- Es ist nicht der Zucker selbst, der ungesund ist. Es ist einfach der zu viel konsumierte Zucker, der es ungesund macht.
- Bei jedem Rezept könnte zur Verfeinerung ein Schluck „Geist" zugesetzt werden. 4 cl auf 1 kg Aufstrich stellen auf einem Brot eine verschwindend kleine Menge dar.
- Bei Pektin und Agar-Agar unterscheiden sich die Produkte massiv in ihren benötigten Aufwandmengen. Hier erfolgt einfach der Verweis auf die Packung.

Umrechnung der Zutaten für unterschiedliche Fruchtmengen

	Basisrezept	Ernte 0,8 kg	Ernte 1,3 kg
Faktor	1	0,8	1,3
Himbeeren	1 kg	0,8 kg	1,3 kg
Zucker	0,5 kg	0,5 * 0,8 = 0,4 kg	0,5 * 1,3 = 0,65 kg
Agar-Agar	3 EL	3 * 0,8 = 2,4 EL	3 * 1,3 = 4,9 EL

Nun braucht es natürlich etwas Gespür, aber wenn man die 2,4 EL Agar-Agar nicht ganz erwischt, sondern etwas zu viel oder etwas zu wenig, geht die Welt auch nicht unter.

KONFITÜREN

Apfelkonfitüre (mit Orangenschalen)

750 g Äpfel
1 kg Gelierzucker 1 : 1
Schalen von 4 unbehandelten Orangen
Saft von 2 Orangen

Zuallererst schält man die Äpfel und entfernt das Kernhaus. Vor allem bei roten Äpfeln ist es wichtig, diese zu schälen, da die roten Farbstoffe später zu Bräunungen führen könnten. Dann zerkleinern.

Spülen Sie die Orangen mit heißem Wasser ab und schälen Sie diese mit einem scharfen Schäler. Auf den Schalen sollte möglichst wenig vom weißen Teil der inneren Schale sein. Zerkleinern Sie nun die Schalen nach Belieben, am besten mit einem Messer. Anschließend entsaften.

Kochen Sie die feinwürfelig geschnittenen Äpfel mit dem Orangensaft und den Orangenschalen so lange, bis die Äpfel zerfallen sind. Dann den Gelierzucker einrühren, erneut erhitzen und nach vier Minuten Kochzeit und der gelungenen Gelierprobe in die vorbereiteten Gläser einfüllen und verschließen.

Foto: pixabay/congerdesign

Apfel-Kürbis-Konfitüre

600 g Äpfel
400 g Kürbis
500 g Gelierzucker 2 : 1
Schale von 1 Zitrone

Kürbis ist eine leicht herzustellende und günstige Fruchtart, die allerdings ohne Mischungspartner nicht unbedingt als Brotaufstrich Bedeutung hat. Sehr gute Erfahrungen habe ich mit den Kürbissorten Butternut und Hokkaido als Mischungspartner mit Äpfeln erzielt. Bei letzterem kann auch die Schale mitverarbeitet werden. Die Äpfel und den Kürbis waschen, schälen und entkernen und gut zerkleinern und in einem weiten Topf mit der abgeriebenen Zitronenschale und dem Gelierzucker vermischen.

Rühren Sie die Masse beim Kochen gut durch. Obwohl der Kürbis roh recht fest ist, zerfällt er beim Kochen rasch. Da die beiden Früchte von Haus aus eine mehlig-breiige Konsistenz haben gibt es hier so gut wie keine Schwierigkeiten mit dem Gelieren. Nach der vorgegebenen Kochzeit heiß in Gläser füllen und sofort verschließen.

Kürbis alleine schmeckt etwas fad. Kombinieren Sie ihn entweder mit anderen Früchten. Besonders gut eignen sich neben dem Apfel Orangen, weil sie auch eine Frische mitbringen. Als „geistige Ergänzung“ eignet sich ein Apfelbrand oder Calvados recht gut.

Bratapfelkonfitüre

1 kg Bratäpfel
500 g Rohzucker
Pektin nach Vorgabe
50 g Rosinen
30 g Mandelblättchen
3 EL Rum
3 EL Zitronensaft
½ Vanilleschote
½TL Zimt
Nelkenpulver

Rosinen die Nacht vorher schon mit Rum versetzen. Die Äpfel halbieren, auf ein Backblech legen und bei 175 °C so lange im Backrohr lassen, bis sie etwas weich werden, dann für 5 Minuten auf Grillfunktion schalten. Währenddessen etwa 100 g vom Zucker mit dem Pektin verrühren. Die Äpfel anschließend zerkleinern bzw. pürieren und mit der Geliermischung einmal kurz aufkochen, dann mit Zucker, die in einer Pfanne kurz angebratenen Mandelblätter und allen anderen Zutaten (Vanilleschote halbieren und auskratzen) in einem Topf für etwa drei oder vier Minuten wallend kochen lassen und nach erfolgter Gelierprobe abfüllen.

Birnenkonfitüre

1 kg Birnen
500 g Zucker
Agar-Agar nach Vorgabe
Saft von 1 Zitrone
1 Vanilleschote

Die bereits sortierten Birnen werden gewaschen, geviertelt und entkernt. Bevor man sie in den Einkochtopf gibt, kann man die Birnen noch etwas kleiner schneiden oder sie im Topf pürieren. Persönlich gefällt mir die geschnittene Variante besser, es sind in der fertigen Konfitüre noch Fruchtstücke erkennbar. Ob Sie die Früchte schälen oder nicht, ist reine Geschmackssache. Mischen Sie die Früchte mit dem Zucker und erwärmen Sie diese Masse. Halbieren Sie die Vanilleschote und kratzen Sie die Samen heraus. Dann mischen Sie diese unter die Birnenmasse.

Nun verrühren Sie in einer Tasse etwas Birnenmark oder Wasser mit dem Agar-Agar und dem Zitronensaft. Sobald die Fruchtmasse im Topf das erste Mal aufgekocht ist, rühren Sie die Geliermischung mit dem Agar-Agar ein und kochen diese noch zwei Minuten. Anschließend in die vorbereiteten Gläser abfüllen.

Besonders gut zur Konfitürenherstellung eignen sich Birnen der sehr aromatischen Sorte „Williams Christ“.

Birnenaufstrich mit Flohsamenschalen

300 g Birnenmark
1 TL Flohsamenschalen
1–2 TL Zitronensaft
Süßungsmittel nach Belieben

Birnen evtl. schälen, Kernhaus entfernen und kleinstückig schneiden, mit dem Zitronensaft beträufeln und entweder pürieren oder zerdrücken. Flohsamenschalen einrühren, gründlich vermengen. Fünf bis zehn Minuten quellen lassen.

Erscheint Ihnen die Masse selbst nach etwa 15 Minuten noch zu saftig, kann man noch einmal etwas von den Flohsamenschalen nachdosieren. Wenn die Konsistenz passt, dann in Gläser abfüllen und kühl stellen und bald genießen.

Birnen-Ingwer-Konfitüre

1 kg Birnen
500 g Gelierzucker 2 : 1
1 Stück Ingwer
Saft von 1 Zitrone

Die Birnen schälen, Kerngehäuse entfernen und würfelig schneiden, mit dem Zitronensaft vermischen. Er verhindert ein rasches Bräunen der Birnen. Den geschälten, frischen Ingwer in dünne Scheiben schneiden oder noch besser fein raspeln oder abpressen. Ingwersaft hat keine lästigen Fasern mehr.

Anschließend die Birnenstücke mit dem Ingwer und dem Gelierzucker in Einkochtopf vermischen und aufkochen. Nach der Gelierprobe siedend heiß in die vorbereiteten Gläser abfüllen.

Brombeer-Birnen-Aufstrich

500 g Brombeeren
500 g Birnen
250 g Honig
Agar-Agar nach Vorgabe
Saft von 1 Zitrone

Brombeeren neigen zu festen Aufstrichen. Die Birne verringert die Säure der Brombeere und gibt dem Aufstrich eine cremige Konsistenz.

Die reifen Brombeeren sorgfältig verlesen und kurz abspülen. Birnen ebenfalls waschen, schälen, das Kernhaus ausstechen und feinwürfelig schneiden.

In einer Tasse etwas Wasser mit dem Zitronensaft und Agar-Agar zu einer Geliermischung verrühren. Das Frucht-Honig-Gemisch in einem weiten Einmachtopf erhitzen und einmal aufkochen. Dann von der

Platte nehmen, die Geliermischung einrühren und nochmals für mindestens zwei Minuten aufkochen. Noch siedend heiß in die vorbereiteten Gläser abfüllen.

Brombeeraufstrich

250 g Brombeeren
125 g Honig
1 TL Guarkernmehl

Brombeeren fein zerkleinern und wer möchte, um die Kerne zu entfernen, durch ein Sieb streichen oder passieren. Entweder mit dem Handmixer oder in der Küchenmaschine nach und nach Honig und das Verdickungsmittel einrühren. Auf höchster Stufe gut einrühren.

Achtung: Der Aufstrich hält selbst im Kühlschrank nur ein paar Tage. Rasch verbrauchen!

Dirndl(Kornelkirschen-)konfitüre

1 kg Dirndlmark
500 g Gelierzucker 2 : 1

Die Kornelkirschen knapp mit Wasser bedeckt so lange kochen, bis man sie passieren kann, um die Kerne zu entfernen. Von dem so erhaltenen Fruchtmark vermengt man 1 kg mit dem Gelierzucker, kocht nochmals auf und nach vier Minuten Kochzeit und gelungener Gelierprobe in die Gläser füllt man noch siedend heiß in die Gläser ab.

Ein Dirndlaufstrich hat meistens eine leicht grießige Konsistenz. Deswegen und da die Ernte bei den Dirndln mühsam ist (nur wirklich reife Früchte verwenden), mische ich immer etwas Apfel- oder Birnenmus zum Fruchtmark. Damit wird der Aufstrich cremiger.

Man kann bis zur Hälfte der Kornelkirschen durch ein Mus ersetzen. Das Aroma der Dirndl ist immer noch erkennbar und der herbe Geschmack ist nicht mehr ganz so intensiv.

Erdbeerkonfitüre klassisch

1 kg Erdbeeren
500 g Gelierzucker 2 : 1
Saft von 2 Zitronen

Die Erdbeeren waschen, verlesen, gut abtropfen lassen und die Kelchblätter entfernen. Die Früchte entweder mit einer Gabel zerdrücken oder mit einem Messer fein zerkleinern. Anschließend im Einkochtopf mit dem Zitronensaft und dem Gelierzucker vermengen und aufkochen. Nach der vorgegebenen Kochzeit und der gelungenen Gelierprobe die Masse siedend heiß in die vorbereiteten Gläser füllen.

Foto: Herbstreith & Fox

Erdbeer-Dirndl-Konfitüre

1 kg Erdbeeren
500 g Dirndlmark
500 g Zucker
Pektin nach Vorgabe

Die Erdbeeren und die Dirndl (Kornelkirschen) waschen und gut abtropfen lassen. Die Erdbeeren putzen, dabei den die Kelchblätter entfernen und weiter zerkleinern. Kornelkirschen aufkochen und passieren.

Das Fruchtpüree und die klein geschnittenen Beeren anschließend in einem großen Kochtopf erhitzen, Pektin-Zucker-Gemisch (Pektin mit etwa fünf- bis zehnfachen Menge Zucker vermengen) klumpenfrei einrühren und aufkochen.

Erst dann den restlichen Zucker zusetzen, mindestens drei Minuten sprudelnd kochen lassen, die Zitronensäure zusetzen und nach der Gelierprobe den Topf vom Herd nehmen, in die Gläser abfüllen und verschließen.

Erdbeer-Ananas-Konfitüre mit Pfiff

1 kg Erdbeeren
1 kleine Ananas
500 g Gelierzucker 3 : 1
abgeriebene Schale von 1 Zitrone
4 cl Weißer Rum

Die Ananas schälen, vierteln und dann den Strunk aus der Mitte herausschneiden. Die Ananas in Scheiben schneiden und mit einem Messer weiter zerkleinern. Einfacher ist es, fertiges Ananaskompott zu verwenden. Bei den Erdbeeren nach dem Waschen Kelchblätter entfernen und diese ebenfalls grob zerkleinern.

Wer einen Aufstrich mit großen Fruchtteilen herstellen möchte, sollte die geschnittenen Früchte mit dem Gelierzucker vermengen und drei bis vier Stunden kühl und zugedeckt stehen lassen. Das verhindert später ein Aufschwimmen der Stücke.

Diejenigen, die eine homogene Fruchtmasse bevorzugen und pürieren wollen, geben die Früchte in einen Topf, erhitzen diese und pürieren sie. Unter ständigem Rühren zum Kochen bringen und sprudelnd kochen lassen. Gegen Ende der vorgegebenen Kochzeit den. Rum zusetzen, nochmals gut rühren und die Gelierprobe durchführen. Sofort randvoll in Gläser füllen und verschließen.

Erdbeer-Rhabarber-Konfitüre

600 g Erdbeeren
400 g Rhabarber
1 kg Gelierzucker 1 : 1
Gewürze nach Belieben

Der Rhabarber wird gewaschen, eventuell geschält – vor allem, wenn die Schale sehr faserig ist – und anschließend in kleine Stücke geschnitten. Die Erdbeeren abgebraust, die Kelchblätter abgeschnitten und je nach Vorliebe klein geschnitten oder leicht zerdrückt, wenn eine feinere Konfitüre gewünscht wird. Danach gibt man beides in einen großen Kochtopf, fügt den Gelierzucker sowie den Zitronensaft hinzu und verrührt alles gründlich. Wer möchte, kann an dieser Stelle auch etwas Vanille, eine Prise Zimt oder eine fein geriebene Tonkabohne hinzufügen, um das Aroma abzurunden.

Anschließend wird die Fruchtmasse unter ständigem Rühren zum Kochen gebracht. Sobald sie sprudelnd kocht, beginnt die eigentliche Kochzeit. Von nun an vier Minuten weiterkochen, gegebenenfalls den entstehenden Schaum abschöpfen und nach erfolgter Gelierprobe heiß in die vorbereiteten Gläser füllen.

Erdbeerkonfitüre mit Holunderblüten

1 kg Erdbeeren
500 g Zucker
Agar-Agar nach Vorgabe
125 ml Holunderblütensirup
2 Holunderblüten
Saft von 1 Zitrone

Entfernen Sie die Holunderblüten möglichst sauber vom Stielgerüst der Dolde. Die Erdbeeren sortieren waschen, Kelchblätter entfernen und vierteln. Anschließend mit dem Gelierzucker und dem Blütensirup vermischen, danach unter Rühren zum Kochen bringen. Währenddessen in einer Tasse 125 ml Wasser mit dem Zitronensaft und dem Agar-Agar verrühren. Diese Geliermischung und die Blüten der Erdbeermasse nach dem ersten Aufkochen zusetzen und nochmals für etwa zwei Minuten aufkochen. Allenfalls entstandenen Schaum abschöpfen und heiß in die Gläser füllen.

Kocht man die Blüten nicht mit, schwimmen sie im Glas auf. Wer die Gläser umdreht und so erkalten lässt, hat die Blüten somit am Boden vom Glas, die anderen beim Öffnen an der Oberfläche. Eine einigermaßen gelichmäßige Verteilung erreicht man nur durchs Mitkochen.

Feigenaufstrich

1 kg Feigen
300 g Honig
Agar-Agar nach Vorgabe
1 Zitrone

Die Feigen waschen, gut abtropfen lassen, zerkleinern und in einem Topf erhitzen.

Währenddessen das Agar-Agar mit etwas Wasser und dem Zitronensaft in einer Tasse verrühren. Die Fruchtmasse mit dem angerührten Agar versetzen und bei starker

Foto: pixabay

Hitze unter ständigem Rühren einmal aufkochen, anschließend den Honig zusetzen und für weitere drei Minuten kochen. Die Gläser abfüllen, verschließen.

Feigenkonfitüre ist farblich eher unspektakulär, besticht aber durch ihren besonderen Geschmack und eignet sich daher besonders gut als Begleiter zu Käse.

Grüne Tomaten

2 kg grüne Tomaten
600 g Zucker
150 g brauner Zucker
Saft von 4 Zitronen
1 kleines Stück frischer Ingwer (nach Geschmack, fein gerieben)
1 TL getrockneter Rosmarin
Salz

Grüne, noch feste Tomaten sind zu schade zum Wegwerfen – eingekocht mit Zucker, Zitrone und Gewürzen werden sie zu einer besonderen Delikatesse. Wichtig ist: Nur gekocht genießen, roh sind sie ungeeignet!

Die grünen Tomaten abbrausen, anschließend vierteln, so lassen sie sich leichter pürieren. Anschließend in einen Mixer oder eine Küchenmaschine geben und portionsweise zu einer groben Masse pürieren. Je nach Größe des Geräts kann es nötig sein, in mehreren Durchgängen zu arbeiten. Wer den Aufstrich gern etwas stückiger hat, schneidet die Tomaten mit dem Messer klein. Die pürierten Tomaten in einen großen Topf geben. Weißen Zucker, braunen Zucker, Salz, getrockneten Rosmarin und Zitronensaft hinzufügen.

Alles zum Kochen bringen, dann die Hitze reduzieren und bei niedriger Temperatur unter ständigem Rühren leicht köcheln lassen, bis eine dicke Marmelade entsteht. Das kann rund 30 Minuten lang dauern. Die heiße Masse in die vorbereiteten Gläser abfüllen und sofort verschließen.

Die grünen Tomaten zunächst waschen und dann zerkleinern. Nach dem Aufkochen unter ständigem Rühren köcheln lassen und sofort abfüllen. Foto: istock/Martina Unbehauen

Hagebuttenkonfitüre

1 kg reife Hagebutten
500 g Gelierzucker 1 : 1
Ev. Whisky

Neben der Ernte stellen die Härchen um die Kerne herum eine besondere Herausforderung dar. Am besten ist es, wenn man die Hagebutten händisch teilt und mit einem Messer oder einem kleinen Löffel beides vom Fruchtfleisch trennt, letzteres dann weiterverarbeitet. Wem das zu viel Aufwand ist, der kann die Hagebutten grob zerteilen, weichkochen und dann passieren. Leider lassen sich die Härchen damit nicht ausreichend entfernen. Auch Entsaften ist keine zufriedenstellende Lösung und so bleibt nur die aufwändige Handarbeit, um ein wirklich außergewöhnliches Produkt herzustellen.

Die von Kern und Härchen befreiten Fruchtteile In einem Topf, knapp mit Wasser bedeckt, weichkochen und wer möchte noch weiter zerkleinern. Anschließend mit dem Gelierzucker vermengen. Ausnahmsweise mit weniger Gelierzucker als die Grundrezeptur, die Hagebutte selbst ist relativ trocken, hier braucht es nicht mehr. Kochzeit einhalten und heiß in die Gläser einfüllen.

Die Hagebutte hat ein sehr intensives Aroma. Manche mögen es, wenn man dieses noch mit einem Schuss Whisky verfeinert (eher Bourbon und keinen rauchigen Scotch verwenden). Aber Achtung: es wäre sehr schade, wenn man durch ein Zuviel das Fruchtaroma in den Hintergrund drängen würde.

1

Hagebutten haben Härchen um die Kerne, die man entfernen sollte.

2

Beim händischen Zerteilen mit dem Messer lassen sich Kerne und Härchen gut vom Fruchtfleisch trennen.

3

Es ist aufwändige Handarbeit, aber das Ergebnis wird Sie überzeugen. Fotos: Georg Innerhofer

Heidelbeerkonfitüre

1 kg Heidelbeeren
500 g Honig
1 Pkg Gelierhilfe 2 : 1
1 EL Zitronensäure

Die Heidelbeeren sorgfältig verlesen, anschließend abwiegen und mit einer Gabel zerdrücken (oder im Kochtopf mit dem Pürierstab zerkleinern). Anschließend mit dem Honig und der Gelierhilfe gemeinsam erhitzen. Der Honig verliert zwar einiges an wertvollen Inhaltsstoffen, das feine Aroma bleibt allerdings. Die Masse für die vorgeschriebene Kochzeit (meistens vier Minuten) sprudelnd kochen lassen, und nach erfolgter Gelierprobe in die vorbereiteten Gläser abfüllen.

Heidelbeeraufstrich

300 g frische oder aufgetaute Beeren
3 EL Chiasamen
1–2 TL Zitronensaft
Süßungsmittel nach Belieben

Die Beeren abbrausen, abtropfen lassen und anschließend pürieren oder zumindest gut zerquetschen. Nun den Zitronensaft und die Chiasamen einrühren. Die Masse anschließend 20–30 Minuten quellen lassen, dabei gelegentlich umrühren, anschließend abschmecken eventuell nachsüßen. In saubere Gläser füllen, im Kühlschrank lagern.

Chiasamen passen gut zu Heidebeeren. Durch die vielen Kerne der Beeren fallen die Kerne nicht sonderlich auf und bedingt durch die dunkle Farbe sind sie auch nicht sichtbar.

Für feinere Konsistenz kann man die Chiasamen vorher mahlen (z. B. in einer Kaffeemühle).

Damit der Geschmack gut erhalten bleibt, sollte man den Himbeergeist erst nach der Zugabe der Geliermischung beimengen.
Foto: Georg Innerhofer

Himbeerkonfitüre mit „Geist“

1 kg Himbeeren
500 g Zucker
Agar-Agar nach Vorgabe
4 cl Himbeergeist

Himbeeren sorgfältig verlesen, kurz abspülen und mit dem Zucker in einen Einkochtopf geben. In einer Tasse etwas Wasser und Agar-Agar zu einer Geliermischung verrühren.

Das Frucht-Zucker-Gemisch in einem weiten Einmachtopf erhitzen und einmal aufkochen. Dann von der Platte nehmen, die Geliermischung einrühren, nochmals für etwa zwei Minuten sprudelnd kochen lassen und anschließend den Himbeergeist zufügen. Noch siedend heiß in die vorbereiteten Gläser abfüllen.

Himbeer-Johannisbeer-Konfitüre

500 g Himbeeren
500 g Johannisbeeren
400 g Honig
80 g Zucker
Pektin nach Vorgabe

Foto: pixabay/congerdesgin

Flohsamen sorgen für eine gute Streichfähigkeit auch ohne Kochen. Foto: Georg Innerhofer

Himbeeren und Johannisbeeren verlesen und waschen. In einem Einkochtopf die Johannisbeeren aufkochen bis sie zerfallen, dann erst die Himbeeren dazugeben, oder beides gleichzeitig in den Topf und nach dem Erhitzen einmal pürieren. Pektin nach Herstellervorgabe mit Zucker vermengen oder und klumpenfrei in die Fruchtzubereitung einrühren. Dann den Honig einrühren, nach etwa vier Minuten sprudelndem Kochen die Gelierprobe machen und heiß in die vorbereiteten Gläser abfüllen.

Himbeeraufstrich

250 g Himbeeren
125 g Honig
1 EL Flohsamen

Weil die Haltbarkeit von diesem Aufstrich sehr begrenzt ist, macht es Sinn, eine Rezeptur mit kleinen Mengen zu verwenden. Die Himbeeren verlesen und waschen, evtl. in einer Küchenmaschine nach und nach den Honig und schließlich die Flohsamen einrühren zusetzen und gut vermischen. Danach in die vorbereiteten Gläser füllen. Die Konfitüre sitzt noch etwas nach und wird dann etwas fester in der Konsistenz.

Jostabeerenkonfitüre

1 kg Jostabeeren
500 g Zucker
Pektin nach Vorgabe
1 Vanilleschote
1 Zimtstange
3 cl Johannisbeerengeist

Jostabeeren waschen, abzupfen, in einem Topf leicht zerdrücken, eventuell eine Tasse Wasser zufügen und aufkochen lassen.

Das Mus aus den weichgekochten Beeren entweder passieren oder locker durch ein Sieb streichen, so dass die Kerne entfernt werden können. Mit dem Pektin, der Zimtstange und dem ausgekratzten Vanillemark vermengen und aufkochen. Nach rund drei Minuten ist das Pektin vollständig gelöst, nun den Zucker einrühren und nochmals unter ständigem Rühren aufkochen.

Nach der vorgegebenen Kochzeit den Himbeergeist dazugeben und der Gelierprobe in die vorbereiteten Gläser abfüllen und verschließen.

Kastaniencreme (Maronencreme)

1 kg gegarte, geschälte Kastanien
400–500 ml Wasser oder Milch (je nach Geschmack)
200–300 g Zucker oder Honig
1 Prise Salz
optional: Vanille, Zimt, Rum oder etwas Schlagobers für ein besonders feines Aroma

Die vorgegarten Kastanien werden einfach mit der Flüssigkeit (Wasser oder Milch), Zucker, Salz und nach Wunsch weiteren Zutaten in einen Topf gegeben. Sofort lassen sie sich nicht weiter zerkleinern, dafür sind sie noch immer zu hart. Die Mischung lässt man deswegen langsam aufkochen und so lange köcheln bis Kastanien noch weicher sind und püriert werden können.

Mit einem Fleischwolf kann man die Kastanien auch etwas härter verarbeiten, man erhält aber eine eher bröselige Masse, die erst noch weiter zerkleinert werden müsste. Daher empfehle ich eher etwas länger kochen und anschließend alles mit dem Stabmixer oder im Standmixer fein pürieren. Je nachdem, wie glatt man das Mus haben möchte, kann man mit noch etwas Flüssigkeit die gewünschte Konsistenz einstellen. Ja nach Verwendungszweck kann das sein streichfähig, cremig oder fast flüssig.

Das noch heiße Mus wird in vorbereitete Gläser abgefüllt und gut verschlossen. Beim Abkühlen zieht die Festigkeit noch an. Kühl und dunkel gelagert hält sich das Mus so etwa ein bis zwei Wochen. Für längere Haltbarkeit würde ich das Mus einfrieren.

Kirschenkonfitüre mit Balsamico

1 kg Süßkirschen
0,5 kg Gelierzucker 2 : 1
5 cl Balsamico Essig oder Kirschwasser

Die Kirschen waschen und den Stängel abzupfen, anschließend entsteinen. In einen weiten Edelstahltopf geben, die Früchte noch weiter zerkleinern oder zerquetschen und langsam erwärmen. Nun können Sie die Früchte mit Gelierzucker und dem Balsamico verrühren und auf kleiner Flamme erhitzen, rasch aufkochen und vier Minuten wallend kochen lassen.

Nach gelungener Gelierprobe den Balsamico oder das Kirschwasser einrühren und in vorbereitete Gläser abfüllen und sofort verschließen.

Kirschaufstrich

300 g entsteinte Kirschen
50 g Zucker
1/2 TL Johannisbrotkernmehl
1 TL Zitronensaft

Kirschen mit Zucker und Zitronensaft in einem Topf einmal kurz aufkochen. Johannisbrotkernmehl unter ständigem Rühren einstreuen, dabei weiter köcheln lassen. Noch 1–2 Minuten bei niedriger Hitze rühren, dann vom Herd nehmen. In vorbereitete Gläser abfüllen und sofort verschließen.

Foto: Georg Innerhofer

Kiwi-Trauben-Konfitüre

500 g Kiwi
500 g Trauben (wenn möglich kernlose Tafeltrauben)
500 g Zucker
1 Pkg Gelierhilfe 2 : 1
Saft von 1 Zitrone

Kiwis schälen, den harten Stielansatz ausschneiden und würfelig zerkleinern, Trauben waschen und halbieren. In einem breiten Einmachtopf mit dem Gelierzucker vermengen und aufkochen. Nach dem Zusatz von Zitronensäure und der vorgegebenen Kochzeit die Gelierprobe machen und heiß abfüllen.

Wer die Konfitüre besonders fein haben möchte, püriert die Früchte, streicht die Fruchtmasse durch ein Sieb oder passiert sie, um die Kerne zu entfernen. Bei der Verwendung von kernlosen Tafeltraubensorten bleiben nur die Kerne der Kiwis im Fertigprodukt.

Marillenröster

1 kg vollreife Marillen
250 ml Wasser
200 g Staubzucker
Saft und Schale 1 Bio Zitrone
Bittermandelaroma
Marillenlikör

Für den Röster die Marillen zwei Minuten in kochendem Wasser blanchieren, in Eiswasser abschrecken und schälen. Die Früchte halbieren und entsteinen. 125 ml Wasser mit Staubzucker und Zitronenschale aufkochen und die Marillenhälften hineinlegen.

Bei schwacher Hitze köcheln lassen, bis die Früchte zerfallen. Topf von der Kochstelle nehmen, mit Zitronensaft, einigen Tropfen Bittermandelaroma und nach Belieben mit Marillenlikör abschmecken und heiß in die vorbereiteten Gläser abfüllen. Alternativ auskühlen lassen und alsbald genießen.

Marillenkonfitüre klassisch

1,2 kg Marillen
1 kg Gelierzucker 1 : 1
4 cl Inländer Rum oder Amaretto (wer mag)

Die Früchte waschen, halbieren und entkernen. In einem Kochtopf die Marillenstücke erhitzen und evtl. weiter zerkleinern (pürieren). Schließlich mit dem Gelierzucker vermischen und aufkochen. Nach der Gelierprobe noch siedend heiß in die vorbereiteten Gläser füllen.

Je nach Marille wird diese Konfitüre nicht immer ausreichend fest, sondern bleibt manchmal etwas flüssiger. Wer das so nicht möchte, setzt etwas Zitronensäure oder -saft zu. Dann sollte das mit dem Gelieren besser funktionieren.

Die Möglichkeit der Verfeinerung von Marillenkonfitüre mit Inländerrum ist altbekannt. Achten Sie aber darauf, dass der Rum vom Geruch und Geschmack her nicht in den Vordergrund tritt.

Mispelcreme

2 kg Mispeln
0,5 kg Zucker
Saft einer Zitrone

Mispeln sind sehr spezielle Früchte und ergeben einen ebensolchen Aufstrich. Nach der Ernte soll man die Früchte am besten einlagig an einem trockenen Ort nachreifen lassen, bis sie weich sind. Vor der weiteren Verarbeitung sollten der Kelchblätter entfernt werden, sie lassen sich sonst nicht mehr entfernen.

Ein händisches Entkernen ist äußerst langwierig, daher koche ich die Früchte in wenig Wasser auf oder dämpfe sie im Kon-

Mit der Kartoffelpresse kann man Mispeln gut vom Kern trennen. Foto: Georg Innerhofer

vektomat. Wer hat, kann sie nun in einer elektrischen Passiermaschine von Haut und Kernen trennen. Alternativ dazu kann man sie zu dritt oder zu viert in einer Kartoffelpresse auspressen. Mit etwas Kraftaufwand gelingt das ganz gut. Das Mispelmark mit dem Zucker und der Zitronensäure vermengen, aufkochen und heiß in Gläser füllen.

Mispelcreme eignet sich hervorragend als Speisenbegleiter zu dunklem Fleisch, als Aufstrich findet es nur wenig Liebhaber. Verfeinern kann man das Mark mit etwas Mostbirnendestillat.

Pfirsichaufstrich

300 g Pfirsichmark
1 TL Guarkernmehl
1–2 TL Zitronensaft
Süßungsmittel nach Wahl (z. B. Honig, Agavendicksaft, Xylit)

Die Pfirsiche teilen, entkernen und weiter fein zusammenschneiden, evtl. fein pürieren und den Zitronensaft unterrühren. Guarkernmehl ganz fein unter ständigem Rühren oder Mixen einstreuen – am besten mit einem Schneebesen fünf bis zehn Minuten quellen lassen, dann nochmals umrühren. Guarkernmehl dickt sofort und stark – eine Überdosierung führt schnell zu einer klebrigen oder „gummiartigen“

Foto: Georg Innerhofer

Konsistenz. Lieber vorsichtig dosieren! In Gläser füllen und kühl stellen und binnen weniger Tage verzehren.

Pfirsichkonfitüre

1 kg Pfirsiche
500 g Gelierzucker 2 : 1
2 cl Weinbrand

Nach dem Waschen kann man die Pfirsiche je nach Geschmack schälen oder nicht. Mir persönlich sind sie mit Schale lieber. Danach müssen die Früchte halbiert, entsteint und nach persönlichen Vorlieben weiter zerkleinert werden. Achten Sie dabei nur darauf, dass die Stücke nicht ungewollt aufschwimmen.

Anschließen rühren Sie den Gelierzucker unter. Unter ständigem Rühren zum Kochen bringen. Nach der vorgegebenen Kochzeit Weinbrand beifügen und die Konfitüre nach der Gelierprobe abfüllen.

Pflaumenmus

2,5 kg Pflaumen
500 g Zucker
1 Zimtstange

Die gewaschenen, gut abgetropften Früchte durchschneiden und entsteinen. Anschließend geben Sie die Früchte in eine Auflaufform und stellen diese bei einer Temperatur von 170 bis 200 °C auf die mittlere Schiene ins Backrohr. Nach etwa einer Stunde sind die Früchte am Blech schon zerfallen und unter gelegentlichem Durchrühren dickt sich das Fruchtmus auch schon etwas ein.

Nun können Sie die Zimtstange entfernen. Um noch weiter einzudicken wird dieses Fruchtmus in einen Einkochtopf gegeben und dort mit dem Einmachzucker vermengt. In diesem wird unter ständigem Rühren bis zur gewünschten Konsistenz Wasser abgedampft, anschließend noch heiß in die Gläser abgefüllt.

Wem die Prozedur mit dem Backrohr zu umständlich ist, kann die Früchte auch gleich in Einmachtopf eindicken. Im Geruch und Geschmack fehlen dann allerdings die Aromen, die durch die hohe Temperatur im Backrohr entstanden wären.

Powidl „Das Original“

1,5 kg Zwetschken
Gewürze, z. B. Zimt, Gewürznelken

Die Zwetschken aussortieren, reinigen und entkernen. In einem weiten Topf erhitzen, dahinköcheln lassen und immer wieder umrühren. Achten Sie immer darauf, dass die Masse nicht anbrennt. Je nach Geschmack setzt man Zimt oder Gewürznelken zu.

Der Powidl ist dann fertig, wenn er bereits auf etwa ein Fünftel des Anfangsvolumens eingedickt ist und sich beim Umrühren bereits vom Topf löst. Nun ist die Masse bereits tiefdunkelbraun. Überdies ist sie dann so dickflüssig, dass sie ohne Gelierprobe in die vorbereiteten Gläser gefüllt werden kann.

Wenn Sie nicht so lange kochen wollen, setzen Sie während des Kochens Zucker zu (etwa 500 g). Durch die Erhöhung der Trockensubstanz wird die Kochzeit verringert, Farbe und Aroma vom Fruchtmus bleiben geschont.

Quittenaufstrich

1 kg Quitten
300 g Akazienhonig
Pektin nach Vorgabe

Die Quitten nur waschen und den Pelz am besten mit einem Tuch abreiben, dieser enthält unerwünschte ätherische Öle. Die ganzen Früchte weder schälen noch entkernen, sondern alles grob-würfelig schneiden, in einem Topf mit Wasser (damit sie nicht anbrennen) bedeckt weichkochen, dann passieren. Nun das Pektin klumpenfrei einrühren, erhitzen, den Honig beifügen und das Ganze nochmals aufkochen lassen, noch heiß in die vorbereiteten Gläser abfüllen.

Quitten sind sehr harte Früchte. Mit einer Brotschneidemaschine kann man sie leicht zumindest in Scheiben schneiden und dann weiterverarbeiten.

Quittenpaste (Quittenkäse)

1 kg Quitten
500 g Zucker
Saft von 1 Zitrone

Die Quitten aussortieren und den Flaum auf den Früchten mit einem Tuch abreiben. Der Flaum enthält ätherische Öle, die später ranzig werden könnten. Die nicht geschälten Früchte werden mit dem Kernhaus würfelig geschnitten und mit wenig Wasser gekocht. Sobald die Fruchtstücke weich werden, kann man sie passieren, dabei werden Kernhaus und feste Teile abgetrennt.

Dann mit dem Zucker und dem Zitronensaft verrührt und noch etwas weitergekocht. Diese Fruchtpaste trägt man etwa 1 cm hoch auf ein Backblech auf und trocknet sie bei etwa 60 °C über Nacht im Backrohr. Am nächsten Tag schneidet man entweder mit

Foto: Georg Innerhofer

einem Messer Stücke aus oder bedient sich zu diesem Zweck einiger Keksformen. Damit diese auf der Oberfläche nicht kleben, kann man sie in Hagelzucker oder in Kokosflocken wenden, bzw. ein Oblate aufkleben.

Sie eignen sich gut als hausgemachtes Konfekt oder als schmackhafte Dekoration bei herzhaften Speisen.

Durch Zusatz von roten Säften (zum Beispiel Holundersaft) kann man die Quittenpaste von ursprünglich bernsteinfarben auf rot einfärben.

Dieses Rezept kann auch auf Äpfel zur Herstellung einer Apfelpaste oder auf andere Früchte übertragen werden. Je nach Region benennt man das daraus hergestellte Produkt auch als Fruchtleder, bei anderen Obstarten als der Quitte empfiehlt sich aber die Verwendung von Gelierzucker an Stelle des normalen Zuckers.

Rote Grütze Varainte 1

500 g Himbeeren
500 g Rote (und nur wenige Schwarze) Johannisbeeren
500 g Süßkirschen
Menge und Art vom Süßungsmittel nach Wahl

Kirschen entkernen, Himbeeren und Johannisbeeren und verlesen, waschen und grob zerkleinern. Die Früchte aufkochen, eventuell mit einem Süßungsmittel versehen und noch hieß in die vorbereiteten Gläser abfüllen oder direkt noch heiß mit Vanilleeis genießen.

Hier ist das Fruchtmark noch gar nicht verdickt und entspricht einfach den zerkleinerten Früchten. Wem das zu flüssig ist, muss ein Verdickungs- oder Geliermittel bzw. ein Mehl oder Samen zusetzen.

Rote Grütze Variante 2

250 g Erdbeeren
250 g Sauerkirschen
250 g Himbeeren
125 g Johannisbeeren
125 g Stachelbeeren
1 TL Johannisbrotkernmehl
Menge und Art vom Süßungsmittel nach Wahl

Die genannten Mengen sind ein Vorschlag. Wer die roten Früchte in anderen Mengen verwendet, erhält genauso gute Produkte. Achten Sie nur auf den Anteil an sauren Früchten, nach dem Erhitzen schmecken sie noch saurer als vorher. Ganz zuckerfrei haben diese Saucen nur wenige Liebhaber. Nachträglich süßen lässt sich aber nach dem Öffnen jede davon.

Stachelbeerkonfitüre mit Vanille

1 kg Stachelbeeren
500 g Gelierzucker 2 : 1
2 cl Rum
1 Vanilleschote

Die vollreifen Stachelbeeren waschen, die Stiele abzupfen und gut abtropfen lassen. Die Stachelbeeren knapp mit Wasser bedeckt so lange kochen, bis alle Beeren aufgeplatzt sind. Währenddessen die Vanilleschoten der Länge nach aufschneiden, mit dem Messerrücken das Mark herausdrücken.

Wenn die Beeren weichgekocht sind die Kerne und auch die Haut der Beeren in einer Passiermaschine abtrennen, anschließend mit dem Gelierzucker mischen, das Vanillemark zugeben. Anschließend in einem großen Topf unter Rühren zum Kochen bringen, nach der vorgegebenen Kochzeit und erfolgter Gelierprobe den Rum einrühren, in die vorbereiteten Gläser randvoll füllen und verschließen.

Stachelbeeren haben selbst wenig spezielles Aroma, hier hilft der Zusatz der Vanille.

Foto: Mona Lorenz, Gmunden

Schwarze Johannisbeerkonfitüre mit Gewürzen

1 kg schwarze Johannisbeeren
1 kg Zucker
Pektin nach Vorgabe
2 Orangen
1 TL gemahlener Zimt
1 TL gemahlene Nelken

Johannisbeeren waschen, entstielen und verlesen und einmal aufkochen bis sie platzen. Inzwischen die Orange heiß abspülen, und mit einem scharfen Schäler die oberste Schicht der Schale abheben, der Anteil an weißer Haut sollte möglichst gering sein, er schmeckt bitter. Die Orange anschließend halbieren und auspressen.

Nun im Einkochtopf die Johannisbeeren mit Orangensaft, -schale, und den Gewürzen vermengen. Das Pektin mit 100 g Zucker vermischen und klumpenfrei in die Fruchtmasse einrühren und erhitzen. Wenn das Pektin sich aufgelöst hat (nach etwa drei Minuten in der heißen Fruchtmasse) setzt man den restlichen Zucker zu und kocht die Masse auf. Nach der vorgegebenen Kochzeit und gelungener Gelierprobe in die vorbereiteten Gläser abfüllen.

Vogelbeer-Apfel-Konfitüre

500 g Vogelbeeren
500 g Äpfel
1 kg Gelierzucker 1 : 1
1 Vanillestange

Vogelbeeren sind sehr aromatische Früchte, manche von ihnen sind bitter. Umso wichtiger ist es, nur vollreife Früchte zu verwenden. Manche frieren die Beeren vor der Verwendung auch ein, einerseits weil die Bitterstoffe als bekömmlicher erscheinen, andererseits lassen sie sich gefroren auch recht gut vom Stielgerüst trennen.

Die Beeren knapp mit Wasser in einem Kochtopf überziehen und weichkochen, anschließend abtropfen lassen. Würfelig geschnittene Äpfel mit dem Inhalt der Vanilleschote und den Vogelbeeren vermischen. Diese Fruchtmasse unter Rühren zum Kochen bringen und vier Minuten sprudelnd kochen lassen. Nach der Gelierprobe siedend heiß in Gläser füllen und sofort verschließen.

Je nach Ihrem persönlichen Geschmack können Sie hier das Verhältnis von Vogelbeere zu Apfel abändern, bzw. wer die bitter-herben Noten der Beeren mag, kann auch den Zuckergehalt durch Verwenden von Gelierzucker 2 : 1 verringern.

Waldbeerenaufstrich

250 g Brombeeren
250 g Heidelbeeren
250 g Himbeeren
400 g Honig
100 g Zucker
Pektin nach Vorgabe
Saft von 1 Zitrone

Die Beeren abbrausen, verlesen und in einem Topf erhitzen. Das Pektin mit dem Zucker mischen und in die noch lauwarme Masse klumpenfrei einrühren und unter Rühren zum Kochen bringen. Anschließend den Honig und den Zitronensaft zusetzen und bis zur gelungenen Gelierprobe kochen. Danach sofort in die vorbereiteten Gläser abfüllen und verschließen

Zwetschkenaufstrich

700 g Zwetschken
200 g Honig
Agar-Agar nach Vorgabe
Saft einer Zitrone

Die Zwetschken waschen, halbieren und entkernen, anschließend zerkleinern. Verrühren Sie die Früchte in Ihrem Einmachtopf mit dem Honig und bringen Sie die Masse zum Kochen.

In einer Tasse werden inzwischen einige Esslöffel Wasser mit dem Agar-Agar und dem Zitronensaft vermengt. Sobald die Fruchtmasse im Topf das erste Mal aufgekocht ist, rühren Sie die Geliermischung mit dem Agar-Agar ein und setzen dann den Zucker zu. Erhitzen Sie dann die Masse wieder und kochen Sie diese noch zwei Minuten, füllen Sie die Masse noch heiß ab, und verschießen Sie die Gläser.

Ausgezeichnet schmeckt diese Konfitüre auch mit Sauerkirschen anstatt der Zwetschken.

Zwetschkenröster klassisch

1 kg vollreife Zwetschken
200 g Brauner Zucker
125 ml Wasser
Nelkenpulver
Zimt
Saft und Schale einer Bio-Zitrone

Zwetschken waschen, gut abtropfen lassen, halbieren und entkernen.

Wasser mit Rohrzucker und den Gewürzen einmal aufkochen, Zwetschken hineingeben und mit der abgeriebenen Schale der Zitrone sowie dem Zitronensaft bei schwacher Hitze so lange kochen, bis die Früchte zerfallen und sich die Schalen einzurollen beginnen. Zwetschkenröster noch heiß in die vorbereitete Gläser füllen und verschließen und umdrehen.

1

Die entkernten, halbierten Zwetschken bei schwacher Hitze köcheln lassen.

2

Mit Zimt abschmecken und heiß in Gläser füllen.

Fotos: Georg Innerhofer

GELEES

Apfel-Minze-Gelee

400 ml Apfelsaft
500 ml Apfelwein
1 kg Gelierzucker 1 : 1
3 EL gehackte frische Minze

Den Apfelsaft mit dem Apfelwein vermengen, die Minzeblätter und den Gelierzucker einrühren und aufkochen. Nach der vorgegebenen Kochzeit die Gelierprobe durchführen und noch heiß in die vorbereiteten heißen Gläser füllen. Diese anschließend sofort verschließen und auf den Kopf stellen.

Von allen Minzearten eignet sich die „normale“ Pfefferminze am besten für dieses Gelee, weil sie das intensivste Aroma mitbringt.

Berberitzen-Apfel-Gelee mit Gin

500 ml Apfelsaft
250 ml Berberitzensaft
500 g Gelierzucker 2 : 1
4 cl Gin

Berberitzen und Äpfel wie im Kapitel über die Saftgewinnung beschrieben entsaften. Im Falle eines Enzymzusatzes muss man die Säfte vor dem Gelierzuckerzusatz einmal aufkochen. Topf von der Platte nehmen, den Gelierzucker einrühren, unter ständigem Rühren wieder zum Kochen bringen und bei starker Hitze mindestens vier Minuten sprudelnd kochen lassen. Nach der Gelierprobe den Gin zusetzen, umrühren und heiß in Gläser füllen und sofort verschließen.

Blutorangengelee

500 ml Blutorangesaft
250 g Zucker
Pektin nach Vorgabe

Fotos: Georg Innerhofer

Für einen halben Liter Orangensaft benötigen Sie etwa 1 kg vollreife Blutorangen. Das Pektin mit etwa 70 g Zucker gut vermischen.

Bereiten Sie den Saft in einem Topf vor und rühren Sie die Geliermischung aus Pektin und dem Teil Zucker klumpenfrei ein. Erhitzen Sie nun die Masse und nach einer Heißhaltezeit von etwa drei Minuten können Sie den restlichen Zucker zusetzen. Nun kochen Sie die Masse bis zum Gelingen der Gelierprobe, und füllen Sie die noch heiße Masse in die vorbereiteten Gläser ab.

Erdbeergelee

0,75 l Erdbeersaft
1 kg Gelierzucker 1 : 1
1 Handvoll roter Hibiskusblüten
2 Zitronen
1 Msp. Pektin spaltendes Enzym

Die Erdbeeren (etwas mehr als 1 kg) waschen, gut abtropfen lassen, verlesen, die Kelchblätter entfernen und die Früchte vierteln. Anschließend die Erdbeeren zerquetschen, auf etwa 50 °C erwärmen und pektinspaltendes Enzym zusetzen. Dann für zwei Stunden rasten lassen, damit die Enzyme das Pektin der Erdbeeren abbauen können.

Inzwischen die Hibiskusblüten knapp mit Wasser bedeckt aufkochen, nach kurzer Zeit von der Platte nehmen und abkühlen und ziehen lassen, dann mit einem Tuch auspressen. Zitronen ebenfalls auspressen. Die gekochten Erdbeeren durch ein Tuch entsaften, es sollten etwa 0,75 l Saft dabei entstehen.

Diesen Erdbeersaft mit dem Hibiskussud, dem Zitronensaft und dem Gelierzucker vermengen, unter Rühren aufkochen und nach gelungener Gelierprobe siedend heiß in die vorbereiteten Gläser abfüllen.

Ebenfalls eine schöne Farbe und einen etwas pikanten Geschmack liefert Rotwein. Genauso eignet sich bis zu 125 ml Campari oder 125 ml Grapefruitsaft in der Kochflüssigkeit, um das Gelee angenehm bitter zu machen.

Himbeer-Rotwein-Gelee

500 ml Himbeersaft
500 g Zucker
500 ml milder Rotwein
Agar-Agar nach Vorgabe
Zimt und Nelken
1 Msp. Pektin spaltendes Enzym

Die rund 700 g Beeren verlesen und vorsichtig abbrausen. In einem Topf Himbeeren kurz aufkochen, anschließend auf unter 50 °C abkühlen lassen und 1 Msp. pektinspaltendes Enzym zusetzen. Nach etwa zwei Stunden mit einem Tuch abpressen. Das sollte etwas mehr als einen halben Liter Saft ergeben.

Den Saft wieder in einen Topf geben und erhitzen. In der Zwischenzeit den Rotwein mit dem Agar-Agar klumpenfrei verrühren. Wenn der Himbeersaft aufgekocht hat, das Rotwein-Agar Gemisch zusetzen und nach weiteren zwei Minuten Kochzeit in die vorbereiteten Gläser abfüllen.

Holunderbeerengelee

750 ml Holundersaft
1 kg Gelierzucker 1 : 1
1 TL Zitronensäure
1 Msp. pektinspaltendes Enzym

Für einen 750 ml Holundersaft benötigt man etwa 1 kg Beeren. Entsaften Sie die Beeren ohne Zucker im Dampfentsafter oder erhitzen Sie die Beeren fast bis zum Kochpunkt, neh-

Foto: Georg Innerhofer

men den Topf von der Platte und lassen den Inhalt abkühlen. Erst unter 50 °C setzen Sie ein pektinspaltendes Enzym zu und pressen Sie die Masse nach rund zwei Stunden ab.

Bei der enzymierten Variante kochen Se den Saft vor der Zugabe vom Gelierzucker einmal auf, falls der Saft aus dem Dampfentsafter kommt, ist das nicht notwendig. Vermischen Sie nun im Einkochtopf den Holundersaft mit dem Gelierzucker, und kochen Sie die Masse auf. Nach der vorgegebenen Kochzeit die Zitronensäure zusetzen, die Gelierprobe machen und anschließend sofort siedend heiß in die vorbereiteten Gläser füllen und, verschließen.

Inländerrum harmoniert sehr gut mit dem Geschmack von Holunder. Geben Sie vor dem Abfüllen noch 2 cl Inländerrum zur Holundermasse, aber nicht mehr, und füllen Sie das Gelee anschließend ab.

Lavendelgelee

500 ml abgezupfte Blüten
1 l Wasser
500 g Gelierzucker 2 : 1
10 g Zitronensäure

Setzen Sie die Blüten schon ein bis zwei Tage vor dem Einmachen mit Wasser an. Man kann das Wasser mit dem Zucker gemeinsam vorher erhitzen, damit der Zucker bereits aufgelöst im Ansatz ist. Der Auszug hat eine wunderbare hellviolette Farbe und einen sehr feinen Lavendelduft.

Dem Auszug den Gelierzucker und die Zitronensäure zusetzen, aufkochen und nach der Kochzeit in die vorbereiteten Gläser füllen und umdrehen.

Rhabarbergelee

1 kg Rhabarber
500 g Gelierzucker 2 : 1
250 ml Wasser
1 Msp. pektinspaltendes Enzym

Den Rhabarber waschen und in etwa 1 cm lange Stücke schneiden, es ist nicht notwendig, ihn zu schälen. Mit dem Wasser in einem Topf so lange kochen, bis die Stängel die Struktur verlieren und zerkocht sind. Sobald der Rhabarber auf unter 50 °C abgekühlt ist, erfolgt der Zusatz von einem pektinspaltenden Enzym. Dieses rührt man gut ein und presst mit einem feinen Tuch nach etwa zwei Stunden den Saft ab.

Daraus erhält man recht genau 750 ml Saft. Diesen Saft versetzt man mit dem Gelierzucker, löst ihn im Saft auf. Nach der vorgegebenen Kochzeit und der gelungenen Gelierprobe in die vorbereiteten Gläser abfüllen.

Johannisbeergelee

500 g rote und schwarze Johannisbeeren
500 g Honig
500 ml Wasser
1 Pkg. Gelierhilfe 3 : 1 für 1 kg Frucht

Rote und schwarze Johannisbeeren kann man zu gleichen Teilen miteinander mischen. Rote Früchte allein ergeben eher ein blasses Gelee, schwarze sind manchen zu intensiv, bringen aber eine tolle und stabile Farbe mit.

Die gewaschenen und verlesenen Früchte mit dem Wasser aufkochen, das Enzym zusetzen und zugedeckt etwa zwei Stunden ziehen lassen. Dann die Fruchtmasse durch ein Tuch filtrieren und vom Saft 750 ml abmessen. Saft in einem Topf aufkochen, dann mit der Gelierhilfe vermischen und aufkochen, und dann erst den Honig einrühren und wieder aufkochen. Nach der vorgegebenen Kochzeit und der Gelierprobe noch siedend heiß in die vorbereiteten Gläser abfüllen und die Gläser verschließen.

Foto: freepik/fahrwasser

Foto: pixabay/Lebensmittelfotos

Rosenblütengelee

1 l Rote Rosenblütenblätter
1 l Wasser
1 kg Gelierzucker 2 : 1
10 g Zitronensäure

Verwenden Sie für den Rosensirup nur die Blüten von ungespritzten und wohlriechenden Rosen, am besten sind die aus dem eigenen Garten. Nicht riechende Blätter verdünnen nur das Aroma.

Das Wasser zum Kochen bringen und einige Rosenblüten dazugeben. Die Hälfte der Blüten kurz überbrühen, aus dem Wasser herausfischen, auspressen und die nächsten Blüten kurz aufkochen. Auch schnell aus dem Wasser raus und abpressen.

Behalten Sie einen Teil der Blüten für die Dekoration im Glas zurück. Die Rosenblätter sind nach dem Auspressen ziemlich blass, da die Farbstoffe im Wasser verbleiben, das sich üblicherweise grünlich-violett färbt.

Wenn alle Blütenblätter ausgekocht sind, setzt man dem Wasser die Zitronensäure und den Gelierzucker zu. Mit dem Zusatz der Säure färbt sich das Wasser deutlich hellrot. Diesen schön rot gefärbten Auszug aufkochen und die verbliebenen Rosenblätter zusetzen, und füllen nach vorgegebener Kochzeit und erfolgter Gelierprobe ab.

Ein Aufsteigen der Rosenblätter im Glas lässt sich leider nicht vermeiden, sie sind aber trotzdem recht dekorativ.

Rotweingelee

750 ml trockener Rotwein
500 g Gelierzucker 2 : 1
Saft einer Orange

Den Rotwein mit dem Orangensaft mischen. Es eignen sich aber eher leichte Rotweine für das Gelee, schwere Rotweine mit vielen Gerbstoffen eignen sich nicht so gut. Den Gelierzucker unter Rühren eingeben und unter ständigem Rühren aufkochen.

Nach der Gelierprobe noch heiß in die vorbereiteten Gläser füllen, verschließen und die Gläser umdrehen.

Zitronengelee

500 ml Zitronensaft
1 l Wasser
2 kg Gelierzucker 1 : 1

Wer möchte kann der Zitronensaft selbst durch Schälen, Zerkleinern, Erhitzen, Enzymieren und dann Pressen herstellen. Dafür benötigt man etwa 750 g Zitronen.

Zitronensaft mit Wasser und dem Gelierzucker verrühren und zum Kochen bringen. Nach der vorgegebenen Kochzeit und der Gelierprobe in die vorbereiteten Gläser füllen und diese für etwa fünf Minuten auf den Kopf stellen.

Wer möchte, kann die Schale ganz dünn mit einem scharfen Obstschäler abheben, darauf achten, möglichst wenig weißen Schalenanteil dabei zu haben und die in Streifen geschnittenen Schalen mit dem Saft mitkochen. Die Streifen sind nicht nur dekorativ, sondern auch wohlschmeckend.

Foto: Georg Innerhofer

Zunächst die Zitronen schälen. Je mehr vom weißen Schalenanteil übrig bleibt, umso bitterer wird das Endprodukt.

Die geschälten Zitronen in einem Topf erhitzen. Durch das Enzymieren wird die Saftausbeute deutlich gesteigert. Fotos: Georg Innerhofer

Danach den Saft durch ein Tuch filtrieren.

Die Rückstände gut abpressen.

MARMELADEN

Mandarinenmarmelade

1 kg Mandarinenspalten
500 g Zucker
Pektin nach Vorgabe

Dieses Rezept gelingt nur mit wirklich reifen, also süßen Mandarinen gut. Dabei die Mandarinenspalten in kleine Stücke schneiden, nicht zu viel vom weißen Teil der Schale mitverarbeiten, er würde zu viele Bitterstoffe in die Marmelade bringen. Die zwangsweise mitverarbeiteten Schalenteile bringen eine angenehm bittere Note in die Konfitüre hinein. Die Mandarinenstücke erhitzen, Pektin mit etwa 100 g Zucker verrühren und klumpenfrei in die Masse einrühren. Nachdem das Pektin sich aufgelöst hat die restlichen 400 g Zucker zusetzten, aufkochen und nach der Gelierprobe in die vorbereiteten Gläser abfüllen.

Orangen-Karotten-Marmelade

500 g geschälte Orangen
500 g Karotten
500 g Gelierzucker 2 : 1

Die geputzten Karotten fein raspeln und mit etwas Wasser aufkochen, die zerkleinerten Orangen dazugeben und eventuell mit dem Pürierstab zerkleinern. Anschließend den Gelierzucker zusetzen, erhitzen und bis zur gelungenen Gelierprobe kochen. Siedend heiß in die vorbereiteten Gläser füllen, verschließen und die Gläser umdrehen.

Orangenmarmelade klassisch

1 l Orangensaft
0,5 kg Gelierzucker 2 : 1

Die Orangen mit heißem Wasser waschen. Dadurch kann man ölige Substanzen der Schale entfernen. Von drei bis vier Orangen die Schale mit einem Ziseliermesser abreißen oder mit einem scharfen Messer flach – ohne weißen Anteil – abtrennen und dünne Streifen schneiden. Auch die restlichen Früchte schälen und den weißen Teil, auch den zwischen den Spalten, so gut es geht, entfernen.

Je nach Belieben die Orangen dann schälen und deren Fruchtfleisch komplett in kleine Stücke schneiden oder die Orangen halbieren und den Saft auspressen (erscheint mir einfacher). Dabei geht auch ein großer Teil vom Fruchtfleisch mit, der weiße Anteil verbleibt am Schalenrest.

Fruchtfleisch und Schalen erhitzen, den Gelierzucker einrühren und nach gelungener Gelierprobe in die vorbereiteten Gläser abfüllen.

Nach nur vier Minuten Kochzeit bleiben die Schalenteile noch leicht bissfest. Wer das nicht möchte, muss die Masse vor dem Gelierzuckerzusatz schon einige Minuten kochen. Eine leuchtende orange Farbe erreichen Sie durch Mitverwendung von ein bis zwei Blutorangen.

Orangen zunächst gründlich waschen.

Danach die Schale entfernen.
Fotos: Georg Innerhofer

Das händische Pressen ist anstrengend.

Die Schalen zerkleinern.

Saft und Schalen mit Gelierzucker aufkochen.

Heiß in Gläser abfüllen.
Fotos: Georg Innerhofer

Orangenschalenmarmelade „Veneziano“

500 g Orangenschalen von ungespritzten Früchten
500 g Zucker
1 Pkg Gelierhilfe 2 : 1
250 ml Wasser
62,5 ml Aperol

Um die ätherischen Öle aus der Schale herauszubringen, müssen Sie die Orangen vor dem Schälen mit heißem Wasser waschen, gut abreiben, dann erst schälen und die Schalen mit Wasser bedeckt weichkochen, anschließend in feine Streifen schneiden. Beim Schälen darauf achten, nicht zu viel vom weißen Anteil der Schale dabei zu haben. Es schmeckt bitter.

Den Zucker in etwa 250 ml Wasser (evtl. dem Wasser, mit dem die Schalen gekocht wurden) unter Aufkochen auflösen und dann die Gelierhilfe und die Schalenschnitte zusetzen. Etwa vier Minuten kochen lassen, die Orangenschalen sollten nun schon durchsichtig scheinen. Mit dem Aperol vermischen und nach der Gelierprobe die fertige Marmelade noch heiß in die vorbereiteten Gläser abfüllen.

Foto: pixabay/jamstraightuk

CHUTNEYS

Ananas-Zwiebel-Chutney

500 g Ananas
2 mittelgroße Zwiebeln
200 g Zucker
300 ml Essig
50 ml Holunderblütensirup
2 Chilischoten
3 Knoblauchzehen
2 EL Thymian
Salz

Die Zwiebel schälen und in kleine Stücke schneiden anschließend bei mittlerer Hitze in einem weiten Kochtopf in wenig Wasser andünsten, bis sie glasig sind. Dabei entwickeln sie ein mildes Aroma, ohne braun zu werden.

Den Strunk von der Ananas entfernen, das Fruchtfleisch in Scheiben und dann in kleine Stücke schneiden. Alle weiteren Zutaten in den Topf geben und unter ständigem Rühren erhitzen. Wer Essig, bzw. Säure nicht so mag, nimmt vielleicht einmal nur 200 ml Essig und schmeckt dann vor dem Füllen auch mit Essig ab. Sobald die richtige sämige Konsistenz erreicht ist in die vorbereiteten Gläser abfüllen.

Apfel-Chutney

900 g Äpfel
2 Zwiebeln
100 g Zucker
300 ml Apfelessig
100 g Rosinen
1 Bio-Zitrone
1 Stück Ingwer (2 cm)
Zimt
Kardamom
Nelkenpulver
Salz

Schneiden Sie die Zwiebel fein zusammen und kochen Sie diese mit der Hälfte vom Essig auf und lassen diese etwa zehn Minuten lang dahinköcheln. Die Äpfel schälen, in kleine Stücke schneiden und mit dem Zucker zum Zwiebel geben.

Von der Zitrone die Hälfte der Schale dazu reiben, die Zitrone anschließend entsaften und den Saft in die Masse einrühren. Anschließend den Rest vom Essig aufgießen und die Gewürze hinzufügen und so lange weiterkochen bis alles eine zähflüssige Masse gibt. Dann das Apfelchutney abfüllen, verschließen und die Gläser umdrehen.

Feigen-Chutney

500 g Feigen
250 g Zwiebel
250 g Zucker
125 ml Weißweinessig
Schale von 1 Bio-Zitrone
250 ml milden Weißwein
Zimt
Salz

Für das Feigen-Chutney zuerst die Zwiebeln schälen und in dünne Scheiben schneiden. Von den abgebrausten Feigen die Stiele abschneiden und Feigen vierteln. Die Schale von der heiß abgewaschenen Zitrone abreiben und beiseitestellen.

Die Zwiebelringe nun mit dem Zucker in einem großen Topf karamellisieren. Die Feigen dazugeben und mit dem Weißwein ablöschen. Mit Zitronenschale, Essig, Salz und Zimt abschmecken.

Das Chutney nun unter ständigem Rühren auf kleiner Flamme köcheln lassen, bis es die gewünschte Konsistenz erreicht hat. Noch heiß in vorbereitete Gläser abfüllen und gut verschließen.

Kürbis-Chutney

1 kg Kürbisfruchtfleisch
1 große Zwiebel
100 g Rohzucker
50 g Rosinen
125 ml Apfelessig
250 ml Apfelsaft
2 Knoblauchzehen
Zimt
Koriander
Salz
Olivenöl

Schneiden Sie den Kürbis in kleine Stücke, diese auf ein Backblech legen und mit dem Olivenöl beträufeln. Der Kürbis sollte je nach Sorte und Temperatur zwischen einer halben und einer dreiviertel Stunde im Rohr bleiben, bis er richtig weich ist.

Inzwischen Zwiebel in einem Topf mit etwas Öl anschwitzen, Kürbisstücke und restliche Zutaten beimengen. Die Masse so lange köcheln lassen, bis die Masse so weit eingedickt ist, dass man die Spur eines durchgezogenen Kochlöffels noch für wenige Sekunden erkennen kann. Dann in vorbereitete Gläser abfüllen.

Marillen-Chutney

250 g getrocknete Marillen
450 g Äpfel
450 g Zucker
400 ml Weißweinessig
125 g Rosinen
2 Knoblauchzehen
1 Chilischote
Koriander
Piment
Salz

Getrocknete Marillen bringen ein ganz anderes Aroma in das Chutney als frische, alternativ kann man auch frische verwenden, muss dann aber 1 kg verwenden. Getrocknete Marillenstücke und Äpfel in kleine Stücke schneiden und mit dem Essig in einen Topf geben etwa 30 Minuten lang zugedeckt leicht köcheln lassen, bis die Marillen weich sind.

Anschließend fein gehackten Knoblauch und die entkernte und fein geschnittene Chilischote und alle restlichen Zutaten zusetzen und bis zur richtigen Konsistenz weiterkochen, dann abfüllen und die Gläser für wenige Minuten umdrehen.

Pfirsich-Chutney

1 kg Pfirsiche
2 Zwiebeln
300 g Kristallzucker
125 ml Apfelessig
125 ml Pfirsichnektar (oder Apfelsaft)
1 Stück Ingwer (2 cm lang)
1 frische rote Chilischote
Currypulver,
bunter Pfeffer (zerstoßen)
Salz

Die Zwiebeln fein hacken und in Olivenöl oder Wasser glasig werden lassen, Essig und Saft bzw. Nektar aufgießen und den Zucker einrühren. Wenn man weiße Zwiebeln verwendet, bleibt die Farbe deutlich heller. Anschließend aufkochen und rühren bis der Zucker aufgelöst ist. Dann die in Stücke geschnittenen, aber nicht unbedingt geschälten, Pfirsiche dazugeben.

Anschließend die Gewürze einrühren, auch das Ingwerstück (klein gehackt oder gerieben). Chili vor dem Zusatz halbieren und entkernen, und in kleine Stücke schneiden. Auf kleiner Flamme unter ständigem Rühren so lange kochen, bis alle Zutaten weich sind. Bei passender Konsistenz noch einmal abschmecken und in die vorbereiteten Gläser abfüllen.

Süße Chili-Sauce

200 g Rosinen
400 g Zucker
250 ml Weißweinessig
150 g Chilischoten
3 Knoblauchzehen
1 Stück Ingwer 3 cm
Salz

Halbieren Sie die Chilischoten und entfernen Sie Kerne und Samenträger. Anschließend Chilis, Rosinen, die Knoblauchzehen fein zerkleinern, und mit dem geriebenen Ingwer am besten in einer Küchenmaschine noch weiter zerkleinern. So lang bis eine feine Masse entstanden ist.

Diese in einem Topf mit dem Zucker, dem restlichen Essig, 125 ml Wasser und etwas Salz vermengen und für mindestens 15 Minuten lang dahinköcheln lassen, bis die Masse eine sirupartige Konsistenz bekommt. Abfüllen und für einige Zeit ziehen lassen.

Zwetschken-Brombeer-Chutney

1 kg Zwetschken
2 rote Zwiebeln
350 g Waldbrombeeren
350 g Rohzucker
125 ml Rotweinessig
4 EL Rosinen
Zimt
Kreuzkümmel
bunter Pfeffer (zerstoßen)
Salz

Die roten Zwiebeln fein hacken und in Olivenöl glasig werden lassen. Anschließend Zucker, Essig, die feinwürfelig geschnittenen Zwetschken, Brombeeren, Rosinen und die Gewürze inkl. dem zerstoßenem Pfeffer zusetzen. Auf kleiner Flamme unter ständigem Rühren kochen bis Zutaten weich sind und die Flüssigkeit eine leicht sämige Konsistenz hat. Vor dem Füllen abschmecken, heiß in die vorbereiteten Gläser abfüllen.

Zwiebelmarmelade

6 mittelgroße Zwiebel
375 ml Essig
400 g Rohzucker
2 Lorbeerblätter
Pfeffer
Thymian
Oregano
Salz
Mehrere Thymianspitzen (2 cm)

Zwiebel schälen, fein hacken und in etwas Olivenöl für etwa zehn Minuten anschwitzen. Dabei nicht zu heiß werden lassen. Anschließend den Essig aufgießen und mit den Gewürzen so lange, jedenfalls bis der Zwiebel weich geworden ist, leicht dahinköcheln lassen. Anschließend den Zucker, Thymian- und Oregano zusetzen und nochmals weiter dahinköcheln lassen. Schließlich entfernt man die Lorbeerblätter, rührt einmal um und füllt in die vorbereiteten Gläser ab, legt oben auf die Masse frischen Thymianspitzen und verschließt das Glas.

Foto: Georg Innerhofer

ANHANG

RECHTSVORSCHRIFTEN

Für die Herstellung von Lebensmitteln für den Eigenbedarf sind es Aussehen, Geschmack und Haltbarkeit, die den Wert festlegen. Wer selbst hergestellte Produkte aber auch in den Verkauf bringen möchte, der muss zusätzlich die geltende Rechtslage beachten. Egal ob es sich um die Kennzeichnung oder die Zulassung von Inhaltsstoffen handelt, vieles um die Gewinnung und Vermarktung von Konfitüren & Co. ist geregelt. Für den Eigenverbrauch hergestellte Produkte müssen den in diesem Teil angeführten Bestimmungen nicht entsprechen.

Wichtige Gesetze

Der folgende Abschnitt befasst sich mit den rechtlichen Vorschriften, welche die Herstellung von Konfitüren, Gelees und Marmeladen betreffen. Da es für die Europäische Union recht schwierig war, alle einzelstaatlichen Rechtsnormen in ein Konzept zu pressen, wurde mit der Richtlinie 2001/113/EG vom 20. Dezember 2001 lediglich ein Rahmen vorgegeben, der von den Mitgliedsstaaten eingehalten werden muss. Die Lebensmittelverordnung der Schweiz ist in diesen Bereichen den EU-Normen angeglichen.

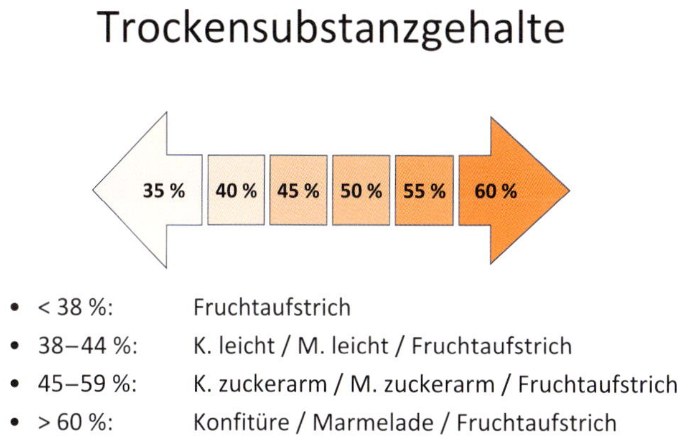

Je nach Zuckergehalt sind Aufstriche unterschiedlichen Kategorien zugeordnet.
Grafik: Georg Innerhofer

Foto: freepik/azerbaijan stockers

Die Bestimmungen für Konfitüren in Österreich sind im österreichischen Lebensmittelcodex und der Konfitüren-Verordnung zu finden. Diese Bestimmungen sind über weite Bereiche gleichlautend mit der EU-Verordnung und daher in Deutschland und auch der Schweiz sehr ähnlich geregelt.

Für die Produzenten von Konfitüren und ähnlichen Produkten primär wichtige Richtlinien sind:

- Richtlinie 2001/113/EG des Rates vom 20. Dezember 2001 über Konfitüren, Gelees, Marmeladen und Maronenkrem für die menschliche Ernährung
- Verordnung (EG) Nr. 1333/2008 vom 16. Dezember 2008 über Lebensmittelzusatzstoffe
- Verordnung (EU) Nr. 1169/2011 vom 25. Oktober 2011 betreffend die Information der Verbraucher über Lebensmittel
- Im Internet finden sich diese Bestimmungen derzeit auf der Seite: http://eur-lex.europa.eu/de/index.htm.

Bestimmungen Österreich

Konfitüren-Verordnung, 367. Verordnung, BGBl. vom 22. September 2004, Wien

- Online: www.ris.bka.gv.at

Codex Alimentarius Austriacus Kapitel B 5 über Konfitüren und ähnliche Erzeugnisse

- Online: www.lebensmittelbuch.at

Bestimmungen Deutschland

Konfitüren-Verordnung vom 23. Oktober 2003 (BGBl. I S. 2151)

- Online: http://bundesrecht.juris.de

Bestimmungen Schweiz

Verordnung des Eidgenössischen Departements des Innern (EDI) über Lebensmittel pflanzlicher Herkunft, Pilze und Speisesalz, Kapitel 3, 2024 (VLpH; SR 817.022.17)

- Online: www.fedlex.admin.ch

Definitionen

Neben der grundsätzlich geltenden Richtlinie der Europäischen Union haben manche Staaten noch weiterführende Bestimmungen erlassen. Die Vorgaben der Schweiz entsprechen im Großen und Ganzen den EU-weit gültigen Vorschriften. Um den Rahmen des vorliegenden Buches nicht zu sprengen, sind hier nur Auszüge aus den wichtigsten Punkten angeführt. Der Text entspricht nicht dem Originaltext, er wurde gekürzt und zusammengefasst.

„Konfitüre“ oder „Konfitüre extra“

Damit ist die auf geeignete gelierte Konsistenz gebrachte Mischung aus Zucker/Zuckerarten und Fruchtpulpe oder -mark (und Wasser) einer oder mehrerer Fruchtsorten gemeint.

Mindestfruchtgehalte für die Herstellung von 1 kg Enderzeugnis (fertig vorbereitet verwendete Fruchtmenge)

Bezeichnung	„Konfitüre einfach“ oder „Gelee einfach“	„Konfitüre extra“ oder „Gelee extra“	Obstart
Menge	350 g	450 g	alle
	250 g	350 g	bei Roten oder Schwarzen Johannisbeeren, Vogelbeeren, Sanddorn, Hagebutten und Quitten
	150 g	250 g	bei Ingwer

Aus Mischungen mit Äpfeln, Birnen, nicht steinlösenden Pflaumen, Melonen, Wassermelonen, Trauben, Kürbissen, Gurken und Tomaten darf keine „Konfitüre extra“ hergestellt werden, aus Mischungen der Säfte dieser Früchte kein „Gelee extra“.

„Gelee“ oder „Gelee extra“

Gemeint ist die hinreichend gelierte Mischung aus Zucker/Zuckerarten sowie Saft einer oder mehrerer Fruchtsorten. Bei der Herstellung von „Gelee extra“ entspricht der verwendete Fruchtanteil dem der Konfitüren.

„Marmelade“

Gemeint ist die auf die geeignete gelierte Konsistenz gebrachte Mischung aus Wasser, Zuckerarten und einem oder mehreren der nachstehenden, aus Zitrusfrüchten gewonnenen Erzeugnisse: Pulpe, Mark, Saft oder Schale. Für 1 kg Enderzeugnis müssen 200 g von der Frucht und davon mindestens 75 g aus dem Fruchtfleisch (Endokarp) stammen.

In Österreich darf im Rahmen der Direktvermarktung der Begriff „Marmelade“ auch für Produkte verwendet werden, die nicht aus Zitrusfrüchten bestehen – vorausgesetzt, sie werden direkt an den Endverbraucher verkauft.

Fruchtaufstrich

Der eher allgemeine Begriff ist nicht in Verordnungen definiert und ist somit allgemein als Namen für sämtliche fruchtbasierten Aufstriche zu verwenden. Seinen Ursprung hatte der Begriff darin, dass manche Hersteller Aufstriche produzierten, die laut Konfitüren-Verordnung nicht marktfähig gewesen wären (zu wenig Zucker, alternative Zuckerarten, andere Zusätze, ...).

Sonderregelungen

Alle bislang angeführten Produkte müssen einen Trockensubstanzgehalt von mindestens 60 % aufweisen. Es ist allerdings den Mitgliedsstaaten der EU vorbehalten, Sonderfälle mit weniger als 60 % zu gestatten. So ist beispielsweise in Österreich „Konfitüre extra“ gemäß der Konfitüren-Verordnung (897. VO vom 29. 12. 1995) bereits ab 55 % Trockensubstanz verkehrsfähig. Auch gibt es national verschiedene Definitionen von „Leichtkonfitüren“ oder „-gelees“.

In Deutschland sind durch die Konfitüren-Verordnung vom 23. Oktober 2003 noch zusätzlich „Apfel-“, „Birnen-“, und „Gemischtes Kraut“ geregelt. Hierbei handelt es sich um Produkte aus Äpfeln oder Birnen beziehungsweise Verarbeitungsprodukten daraus, deren Trockensubstanzgehalt durch

Eindicken auf mindestens 65 % erhöht wurde. Zuckerzusatz ist dabei nur in untergeordnetem Umfang gestattet. Gemischtes Kraut darf zu weniger als der Hälfte aus eingedicktem Rübensaft bestehen. Die Zusammensetzung von „Pflaumenmus" wird ebenfalls in dieser Verordnung geregelt.

In der Schweiz ist „Brotaufstrich" als ein Lebensmittel aus Fruchtmus (oder anderen Produkten) definiert, das in seiner Zusammensetzung nicht „Konfitüre", „Gelee" oder „Marmelade" entspricht.

Kennzeichnung

Was die richtige Kennzeichnung von Konfitüren anbelangt, habe ich hier die österreichischen Vorgaben angeführt. Für Vorgaben in anderen Ländern konsultieren Sie bitte entsprechende Beratungsstellen.

Erforderliche Kennzeichnungselemente in Österreich sind:

- Sachbezeichnung (mit dem Begriff „-konfitüre", „-gelee" oder "-marmelade")
- Hersteller (Name, Adresse und Telefonnummer)
- „hergestellt aus ... g Früchten/100 g"
- „Gesamtzuckergehalt ... g/100 g"
- Zutaten in absteigender Reihenfolge der verwendeten Mengen
- Nettofüllmenge
- Los- bzw. Chargennummer
- Mindesthaltbarkeit („mindestens haltbar bis Ende ... " [Monat und Jahr])

Bei den Zutaten muss die Verwendungsgruppe angeführt werden, z. B. „*als Säuerungsmittel Zitronensäure*", oder „*als Antioxidans Ascorbinsäure*". Statt der Angabe des einzelnen Stoffes kann auch die jeweilige E-Nummer angegeben werden.

Allergenkennzeichnung

Allergene sind Stoffe, die bei empfindlichen Personen allergische Reaktionen oder Unverträglichkeiten auslösen können. Wenn solche Stoffe in einem Produkt enthalten sind, müssen sie deutlich gekennzeichnet werden – selbst dann, wenn sie nur in geringen Mengen vorkommen.
Sind die Allergene nicht bereits in der Sachbezeichnung oder Zutatenliste genannt, so müssen sie mit dem Hinweis „enthält:", gefolgt vom jeweiligen Allergen, extra ausgewiesen werden.

Zu den kennzeichnungspflichtigen Allergenen zählen unter anderem:

- Schwefeldioxid und Sulfite (z. B. in Trockenobst oder Wein),
- Sesam,
- Schalenfrüchte wie Mandeln, Haselnüsse, Walnüsse oder Pistazien.

Besondere Aufmerksamkeit ist bei Fruchtzubereitungen geboten, die Nüsse oder geschwefeltes Trockenobst enthalten – hier müssen sowohl die verwendeten Schalenfrüchte als auch Sulfite bzw. Schwefeldioxid entsprechend deklariert werden.

Die Angabe erfolgt auf dem Etikett, meist direkt im Anschluss an die Zutatenliste, mit dem Hinweis: „Enthält: Haselnüsse, Sulfite" (Beispiel).

Ich muss Sie nochmals darauf hinweisen, dass

- die angeführten Bestimmungen nicht wortwörtlich aus den Gesetzen stammen;
- der Text vereinfacht und manche Ergänzungen nicht übernommen wurden;
- die Bestimmungen zum Zeitpunkt der Abfassung des Buches Geltung haben, und vielleicht mittlerweile eine Änderung erfahren haben.

Wenn Sie Konfitüren, Gelees oder Marmeladen für den Verkauf produzieren oder kennzeichnen wollen, so setzen Sie sich bitte mit Ihren Beratungs- oder Kontrollstellen in Verbindung, die Ihnen sicherlich im jeweiligen Land über geltendes Recht beste Auskünfte erteilen können.

HERSTELLUNGSPROTOKOLL

Es gibt keine generelle Anleitung zur Erstellung eines Herstellungsprotokolls, sobald man aber Konfitüren verkauft, sind Aufzeichnungen der einzelnen Herstellungseinheiten (Chargen) notwendig. So verschieden die einzelnen Hersteller sind, so unterschiedlich sind auch die Aufzeichnungen. Je konkreter sie geführt werden, desto besser sind eventuelle Veränderungen im Produkt nachzuvollziehen.

Wenn man über einen längeren Zeitraum alle Herstellungschargen genau protokolliert, ergibt das eine wertvolle Sammlung von Aufzeichnungen beziehungsweise Rezepten.

Das auf der nächsten Seite aufgezeichnete Muster könnte ein Beispiel für ein solches Herstellungsprotokoll sein. Es wird im Excel geführt und jede Herstellungscharge erhält ein eigenes Tabellenblatt, sortiert nach Herstellungsdatum.

Im unteren Bereich sind Tabellenfunktionen hinterlegt, die Gesamtzuckergehalt und Fruchtgehalt aus der Rezeptur heraus errechnen. Am Ende der Produktion wird der Zuckergehalt gemessen und dieser eingetragen.

Selbstverständlich kann und soll die hier gezeigte Vorlage an die jeweiligen Erfordernisse angepasst werden.

Messung des Gesamtzuckergehalts mit dem Refraktometer für die Aufzeichnung im Herstellungsprotokoll. Foto: Georg Innerhofer

Chargenprotokoll Himbeere Konfitüre			
Datum:	02.04.2025	Himbeeren eingefroren, TK	
Rezept:	Rezept HM1	Herbsthimbeeren	
Menge:	31 Gläser	Sorte Polka	
+ 1 Rückstellmuster	1 Glas		
Gebinde:	FAC212		
Füllmenge:	180 g		
	Zeit	Temp.	Dampf
Auftaueinstellungen:	8	95	0 %
Pasteurisationseinst.:	6	90	100 %
		Menge	
Himbeeren	10 Brix	3,00 kg	
Zucker:		1,50 kg	
Gesamtmenge		4,50 kg	
Pektin/kg Fertigprodukt	7 g	31,5 g	
Zitronensäure:	3 g	11,3 g	
Kaliumsorbat:	0,0 g	0,0 g	
pH-Wert			
Trockensubstanz gemessen	44 %		
MHD	mindestens haltbar bis Ende 04/2026		
Zusatz:			
Anmerkungen:			
wenig Schaum beim Kochen			
nicht über Ventil gefüllt, sondern mit dem Messbecher (1 Liter)			
Gelierprobe funtkionierte sehr rasch			
Etikett:			
Losnummer:	LMBM020425		
TS Frucht (Ausgangswert)	10	Brix	
Kochzeit	5	Minuten	
TS errechnet	40	%	
Gesamtzuckergehalt Etikett	45	%	
Fruchtgehalt Etikett	67	%	

BERECHNUNGEN FÜRS ETIKETT

Trockensubstanzgehalt

Die Berechnung der Trockensubstanz ergibt einen annähernd genauen Wert. Dieser kommt dem tatsächlich gemessenen recht nahe, erreicht aber nicht die für den Verkauf notwendige Genauigkeit für die Angabe am Etikett (+/– 3 % genau).

Die Berechnung gibt aber einen genaueren Näherungswert als ihn die Schätzung abliefert. Voraussetzung für eine relativ genaue Berechnung ist, dass Sie das Rezept genau einhalten, das Gewicht des Kochtopfes vor dem Einmachen bestimmen und den Trockensubstanzgehalt der Früchte kennen. Letzterer kann selbst mit Hilfe eines Refraktometers bestimmt oder aus einer Tabelle abgelesen werden. Genauer ist die Messung, da Tabellenwerte nur aufgrund von Durchschnittswerten errechnet wurden, nicht aber exakt für Ihre Früchte Gültigkeit haben können.

1. Schritt: Berechnung enthaltener Trockensubstanz

Als Beispiel verwenden wir hier die im Chargenbuch festgehaltene Himbeerkonfitüre lt. Herstellungsprotokoll (Seite 165). Die Früchte haben laut Messung 10 °Brix (= Prozent Trockensubstanz). Der erste Berechnungsschritt liefert uns genau die Menge an Trockensubstanz, die für diese Rezeptur verarbeitet wurde.

Berechnungsbeispiel Trockensubstanzgehalt Himbeerkonfitüre

Zutaten	Menge	Anteil Trockensubstanz	Trockensubstanz in Gramm
Himbeeren	3 kg	10 %	300 g
Zucker	1,5 kg	100 %	1.500 g
Pektin	0,032 kg	100 %	32 g
Summe	**4,53 kg**		**1.832 g**

2. Schritt: Berechnung Gewicht Fertigprodukt

Die Frucht/Zucker/Pektin-Mischung enthält gemäß dieser Berechnung 1.832 g, also 1,83 kg Trockensubstanz, bei einem Gesamtgewicht von 4,53 kg. Der Wassergehalt verringert sich beim Kochen durch Verdampfen, die Trockensubstanz wird aber nicht weniger. Somit steigt die Konzentration der Trockensubstanz in der Fruchtzubereitung an.

Entscheidend für die Berechnung ist das Gewicht der Fruchtmasse nach dem Kochen. Dazu wiegen wir den Einkochtopf nach der Gelierprobe und vor dem Abfüllen ab. Zieht man davon das Gewicht des Topfes ab, erhält man das Gewicht der Fruchtmasse.

Berechnung des Fertiggewichts der Himbeerkonfitüre

Füllfertige Fruchtmasse inklusive Topf	**6,85 kg**
abzüglich	
Gewicht des Einkochtopfes	**2,70 kg**
ergibt	
Gewicht vom Fertigprodukt vor dem Füllen	**4,15 kg**

3. Schritt: Gehalt an Trockensubstanz im Fertigprodukt errechnen

Aus dem Verhältnis der verwendeten Menge Trockensubstanz (1,83 kg) zum Gewicht des Fertigproduktes (4,15 kg) lässt sich der Gehalt an Trockensubstanz des Fertigproduktes mit einer einfachen Schlussrechnung errechnen.

Benötigte Angaben zur Berechnung des Trockensubstanzgehalts der Himbeerkonfitüre

		Anteil (%)
Gewicht Fertigprodukt (kg)	4,15 kg	100
Menge Trockensubstanz (kg)	1,83 kg	x

Gehalt Trockensubstanz (%) = x = 100 / Gewicht Fertigprodukt (kg) x Menge Trockensubstanz (kg)

x = 100 / 4,15 kg * 1,83 kg = 44,1 %

Die nach dieser Rezeptur hergestellte Himbeerkonfitüre weist einen Trockensubstanzgehalt von 44,1 % auf. Ein bisschen Wasser verdampft noch nach dem Wiegen, daher runde ich auf die nächste ganze Zahl auf.

Am Etikett ist der Trockensubstanzgehalt mit dem Wortlaut: „Gesamtzuckergehalt 45 g/100 g" anzuführen.

Benötigte Angaben zur Berechnung des Fruchtgehalts der Himbeerkonfitüre

Zutaten	Menge	Anteil (%)
Himbeeren Fruchteinwaage	3,0 kg	x
Zuckerzusatz (2 : 1)	1,5 kg	
Summe	4,5 kg	100

Fruchtgehalt

Wieder entnehme ich dem vorigen Beispiel die Werte und berechne den Fruchtgehalt.

Am Etikett ist der Fruchtgehalt mit dem Wortlaut: „hergestellt aus 67 g/100 g" anzuführen.

Fruchtgehalt (%) = x = 100 / Gesamtmenge (kg) x Fruchteinwaage (kg)

x = 100 / 4,50 * 3,00 = 66,6 %

MENGENANGABEN

Abkürzungen und Synonyme für gängige Mengenangaben

EL	Esslöffel	
TL	Teelöffel	
2 cl	20 ml	1 kleines Stamperl
4 cl	40 ml	1 großes Stamperl
62,5 ml	1/16 l	
125 ml	⅛ l	
250 ml	¼ l	
500 ml	½ l	

750 ml	¾ l
1.000 ml	1 l
100 g	1/10 kg
125 g	⅛ kg
250 g	¼ kg
500 g	½ kg
750 g	¾ kg
1.000 g	1 kg

INHALTSSTOFFE VON FRÜCHTEN

In der Tabelle auf Seite 169 sind Werte angegeben, die bei der Konfitürenherstellung von Bedeutung sind. Es sind allerdings nur Durchschnittswerte. Je nach Ertrag, Witterung, Pflanze und vielen weiteren Faktoren können sich diese Werte geringfügig nach oben oder unten verschieben.

Der Gehalt an Trockensubstanz bestimmt sich hauptsächlich aus dem Gehalt an Zucker, Säure, Gerb- und Mineralstoffen. Der Hauptanteil an der Trockensubstanz sind die verschiedenen Arten von Zucker in der Frucht. Diese Durchschnittswerte können bei der Errechnung der Gesamttrockensubstanz helfen, wenn Sie keine Möglichkeit haben, diese selbst zu bestimmen.

Der Pektingehalt ist annähernd ein Maß dafür, wie stark die Frucht ohne Zusatz eines Geliermittels ein Gel ausbilden kann. Werte ab 1 % sind schon recht hoch, bei diesen Früchten gibt es im Normalfall keine Schwierigkeiten mit dem Gelieren, sofern der pH-Wert passt. Bewegt sich dieser bei Pektin als Geliermittel zwischen 2,8 und 3,3, fördert das die Gelierung bei Pektin und mindert sie bei Agar-Agar und umgekehrt bei Früchten mit hohem pH-Wert.

Für die Konfitürenherstellung entscheidende Werte: Gehalte an Wasser bzw. Trockensubstanz, Zucker, Pektin und Säure (pH-Wert).
Foto: unsplash/Karolina Kolodziejczak

Inhaltsstoffe wichtiger Früchte

	TS-Gehalt* (°Brix)	Zuckergehalt	Pektingehalt in %	pH-Wert
Kernobst				
Apfel	15	11	0,9	3,3–3,7
Birne	16	10	0,5	3,4–4,1
Quitte	17	8	1,2	3,5
Steinobst				
Kirsche	17	12	0,4	3,0–3,7
Kornelkirsche	16	11	1,5	2,9 -3,1
Marille	14	9	1,3	3,0–3,7
Pfirsich	12	8,5	0,4	3,4–3,6
Weichsel	15	10	1	2,8–3,2
Zwetschke	16	12	0,7	3,0–3,6
Beerenobst				
Brombeere	15	8	0,5	3,1–3,6
Erdbeere	10	6	0,8	3,0–3,4
Himbeere	11	6	0,4	3,3–3,6
Holunder	20	7	0,3	3,6–4,1
Johannisbeere rot	16	8	0,9	2,6–3,0
Johannisbeere schwarz	21	10	1,7	2,9–3,3
Stachelbeere	13	10	0,6	2,8–3,3
Traube	20	15	1	3,5–3,7
Vogelbeere	26	6	0,7	3,1–3,5
Zitrusfrüchte				
Orange	15	7	0,5 – 3,5	2,9–3,4
Gemüse				
Rhabarber	6	1	0,6	2,8–2,9
Karotte	10	4,5	1,5	4,0–4,2
Kürbis	12	1	0,6	5,0–5,5

* Trockensubstanzgehalt

FACHBEGRIFFE

Glossar

Albedo	Weißer Teil von Zitrusschalen, befindet sich zwischen der Außenschale und dem Fruchtfleisch, bringt einen bitteren Geschmack mit sich, wird auch Mesokarp genannt.
Antigeliermittel	Anderer Begriff für pektinspaltende Enzyme, die das Gelieren im Sirup verhindern sollen.
Agartine	Geliermittel auf Basis von Agar-Agar.
Ascorbinsäure	Technisch hergestelltes Vitamin C, auch E 300, wird in der Lebensmittelbranche als Antioxidationsmittel und Farbstabilisator verwendet.
Benzoesäure	Natürlich in Früchten vorkommendes oder auf biotechnischem Wege hergestelltes Konservierungsmittel, kommt häufig in Einsiedehilfe vor.
Brix	Einheit der Trockensubstanz, 1 Brix = 1 g Trockensubstanz je 100 g
Dirndl	Begriff in Österreich für „Kornelkirsche“.
Dispersion	Bezogen auf Pektin bedeutet es, dass das Pektin beim Kochen in der Fruchtmasse gut und ohne Klümpchen verteilt ist.
Einmachen	Anderer Begriff für Einkochen.
Einsiedehilfe	Konservierungsmittel, dient in der häuslichen Obstverarbeitung zur Haltbarkeitssicherstellung.
Enzym	Biochemischer Katalysator, ohne diese Stoffe gäbe es keine Reaktionen und damit kein Leben. Sorgen in den Früchten fürs Weichwerden und fürs Braunwerden.
Exokarp	Äußere gelb/orange gefärbte Schale von Zitrusfrüchten deren Drüsen ätherische Öle abscheiden, die den typischen Zitrusgeruch erzeugen, wird auch als Flavedo bezeichnet.
Flotte Lotte	Häufig im Haushalt verwendetes Gerät zum Passieren von Früchten.
Fruchtaufstrich	für Aufstriche unter 38 % Trockensubstanz zwingend, kann bei Werten darüber als Ersatz für den Begriff Konfitüre verwendet werden.
Fruchtsaftkonzentrat	Durch Wasserentzug auf etwa 60 Brix eingedickter Fruchtsaft, ist ähnlich zähflüssig wie Honig.
Fruktose	Anderer Begriff für „Fruchtzucker“; in Früchten vorkommende Form von Einfachzucker, für Diabetiker geeignet.
Gärung	Biochemischer Prozess, bei dem Hefen Zucker zu Alkohol und Kohlendioxid umwandeln.
Gelieren	Die Fähigkeit von Pektin und anderen Stoffen, Wasser zu binden und aus Flüssigkeiten unter bestimmten Voraussetzungen ein Gel bilden zu können.

Gesamtzucker	Die Summe der zugesetzten und der natürlichen Zucker, bei vielen Produkten wird er mit der „Gesamttrockensubstanz“ gleichgesetzt.
Glukose	Anderer Begriff für „Traubenzucker“.
Glukosesirup	Zähflüssige Masse aus Glukose und Mehrfachzuckern, macht Getränke zähflüssig, aber nicht süß, da Mehrfachzucker nicht so stark süßend wirken; besteht etwa zu 80 % aus Trockensubstanz.
Holler	Anderer Begriff für „Holunder“.
Glykämischer Index	Maß zur Bestimmung der Wirkung eines kohlenhydrathaltigen Lebensmittels auf den Blutzuckerspiegel.
Invertieren	Darunter versteht man das Aufspalten des Zweifachzuckers Saccharose in die beiden Einfachzucker Glukose und Fruktose, geschieht nur im sauren Milieu.
Johannisbeere	Anderer Begriff für „Ribisel“.
Kirschbrand	Begriff in Österreich für „Kirschwasser“.
Kopfraum	Raum zwischen Verschluss und dem oberen Rand der Füllung in einem Gebinde.
Kristallisieren	Das Ausscheiden von kristallinem Zucker unter bestimmten Voraussetzungen (in sehr süßen Zubereitungen).
Latwerge	Pflaumenmus; Begriff z. T. in Deutschland und der Schweiz verwendet, in Österreich eher Powidl genannt.
Leichtkonfitüren	Zuckerreduziert eingekochte Konfitüren, etwa zwei Teile Frucht und ein Teil Zucker, maximal 45 % Trockensubstanz.
Marille	Anderer Begriff für „Aprikose“.
Mikroorganismen	Mikroskopisch kleine, pflanzliche oder tierische Lebewesen; in der Obstverarbeitung haben vorrangig Hefen, Bakterien und Schimmelpilze Bedeutung.
Mostgewicht	Begriff für den Zuckergehalt eines Presssafts.
Mykotoxine	Stoffwechselprodukte aus Pilzen, die bei Menschen bereits in geringsten Mengen giftig wirken, die bekanntesten sind Patulin oder Ochratoxin.
Oxalsäure	Vor allem in Rhabarber in größeren Mengen enthalten; in normalen Mengen aufgenommen, ist sie unbedenklich.
Oxidation	Chemische Reaktion in Verbindung mit Sauerstoff; Früchte können beim Kontakt mit Luft ihre Farbe und ihren Geschmack verändern, was meistens unerwünscht ist.
Pasteurisieren	Haltbarmachen von Stoffen bei Temperaturen unter 100 °C; möglich bei Produkten mit pH-Werten unter 4,5.
Pektin	Natürlicher Stoff aus der Pflanze, wichtigstes Geliermittel in der Lebensmittelbranche.
Phenolisch	Geschmacksbeschreibung, die verwendet wird, wenn viele Gerbstoffe (Phenole) enthalten sind und das Produkt daher bitter schmeckt.

pH-Wert	Chemisches Maß für den Säuregrad einer Substanz; Werte unter 7 bedeuten „sauer“, Werte darüber „alkalisch“ oder „basisch“; je weiter von 7 entfernt, desto intensiver.
QUID-Deklaration	„Quantitative Inhaltsstoff Deklaration“ deklariert die mengenmäßigen Anteile einzelner Obstarten in fertigen Produkten.
Rebeln	Anderer Begriff für das Abtrennen der Beeren vom Stielgerüst, das in weiterer Folge bei der Verarbeitung Bitterstoffe abgeben könnte, wird heute maschinell durchgeführt.
Refraktometer	Einfaches Gerät zur Bestimmung der Trockensubstanz.
Ribisel	Anderer Begriff für „Johannisbeere“.
Saccharose	Anderer Begriff für den Zweifachzucker aus den beiden Einfachzuckern „Fruktose“ und „Glukose“; auch „Kristallzucker“.
Saftausbeute	Meist angegeben in Prozent, wie viel Saft man aus zerkleinerten Früchten erhalten kann.
Senkwaage	Dichtemessgerät aus Glas, hat am Hals eine Skala angebracht, an der man Dichte, Alkohol- oder Zuckergehalt ablesen kann.
Sorbinsäure	Natürlich in Früchten (vor allem in Vogelbeeren) vorkommendes oder auf biotechnischem Wege hergestelltes Konservierungsmittel, das häufig Bestandteil der Einsiedehilfe ist.
Sorbit	Zuckeralkohol und Zuckeraustauschstoff, wirkt bei empfindlichen Menschen abführend.
Stevia	Pflanze, die süßende Stoffe enthält.
Süßstoffe	Nicht in der Natur vorkommende, stark süß schmeckende Substanzen (30–13.000 mal süßer als Saccharose, werden nur ganz selten verwendet.
Synärese	Durch Gelschwäche bedingte Abgabe von Flüssigkeit, meistens im angebrochenen Konfitürenglas zu finden.
Trockensubstanz	Anteil an Substanzen, die nach dem Verdampfen von Wasser übrig bleiben; bei Obst besteht sie vorwiegend aus Zucker, Säuren und anderen Stoffen; beeinflusst unter anderem die Haltbarkeit, wird daher mit Gesamtzucker gleichgesetzt; Gegenteil: Wassergehalt.
Verdickungsmittel	Führen nicht zum Gelieren einer Masse, sondern verdicken diese lediglich, erreichen ihre volle Wirkung erst nach dem Aufkochen.
Viskosität	Fachbegriff für Dick- oder Zähflüssigkeit einer Substanz.
Weichsel	Anderer Begriff für „Sauerkirsche“.
Zellophan	Durchsichtiger, folienartiger Verschluss für Marmeladegläser, schließt nicht ganz luftdicht ab.
Zuckeraustauschstoffe	Stoffe die in ihrer Konsistenz und Süßkraft dem Kristallzucker ähnlich sind, ihr Abbau erfolgt im Körper insulinunabhängig, damit hergestellte Konfitüren sind damit diabetikergeeignet.
Zuckerersatzstoffe	Siehe Süßstoffe.
Zwetschke	Anderer Begriff für „Zwetschge“ oder „Pflaume“.

LITERATURVERZEICHNIS

Anonym: „Konfitüren, Gelees und Marmeladen“, Herbstreith & Fox – Eigenverlag, Neuenbürg

Anonym: „Verbesserte Fruchtaufstriche ohne Zuckerzusatz mit H&F Pektin“, Herbstreith & Fox – Eigenverlag, Neuenbürg

Anonym: „Wenig Zucker, viel Frucht“, www.markant.com, 12. Dezember 2018

Anonym: Handbook for the Fruit Based Products, CP Kelco - Eigenverlag, Lille Skensved, 2001

BIESALSKI, H.K., GRIMM P.: Taschenatlas der Ernährung, Georg Thieme Verlag, Stuttgart 1999

COLDITZ, G.: Früchte einkochen, kandieren, einlegen, Verlag Eugen Ulmer, Stuttgart 1991

FELDKAMP, H.: Marmelade & Co., W. Ludwig Buchverlag, München 2001

GÖSSINGER, M. et al: Seminarunterlage Klosterneuburger Tagung „Konfitüren & Co 2025“, Klosterneuburg, 2025

HERRMANN, K.: Inhaltsstoffe von Obst und Gemüse, Verlag Eugen Ulmer, Stuttgart 2001

INNERHOFER, G.: Obstsäfte, Sirup und Nektar, Leopold-Stocker Verlag, Graz 2025

INNERHOFER; G.: Das große Buch der Obstverarbeitung, Agararverlag, Wien 2025

Konfitüren-Verordnung (Deutschland) vom 23. Oktober 2003 (BGBl. I S. 2151)

Konfitüren-Verordnung (Österreich), 897. Verordnung, BGBl. vom 29. Dezember 1995, Wien 1995

Konfitüren-Verordnung (Österreich) vom 22. September 2004 (BGBl. II Nr. 367/2004)

KRIEGER, V.: Pflanzlich binden und gelieren, AT Verlag, Aarau 1997

OBERMAIR, M., SCHNEIDER R.: Obst haltbar machen, Leopold Stocker Verlag, Graz 1998

Richtlinie 2001/113/EG des Rates vom 20. Dezember 2001 über Konfitüren, Gelees, Marmeladen und Maronenkrem für die menschliche Ernährung

Verordnung (EG) Nr. 1333/2008 vom 16. Dezember 2008 über Lebensmittelzusatzstoffe

Verordnung (EU) Nr. 1169/2011 vom 25. Oktober 2011 betreffend die Information der Verbraucher über Lebensmittel

Verordnung des EDI über Lebensmittel pflanzlicher Herkunft, Pilze und Speisesalz (Schweiz) vom 1. Februar 2024 (VLpH; SR 817.022.17)

Wiener Einkochbuch, Agrana Wien; Eigenverlag, Wien

WOGOWITSCH, C.: Selbstgemachtes, Österreichischer Agrarverlag, Wien 2001

ISBN 978-3-7020-2304-1

ISBN 978-3-7020-2057-6

ISBN 978-3-7020-1694-4

Leopold Stocker Verlag
Graz – Stuttgart
www.stocker-verlag.com

Aus unserem Programm

ISBN 978-3-7020-2055-2

ISBN 978-3-7020-1422-3

ISBN 978-3-7020-2290-7

ISBN 978-3-7020-1470-4

Leopold Stocker Verlag
Graz – Stuttgart
www.stocker-verlag.com